# Maîtrisez JavaScript moderne

Un guide complet pour le développement web moderne

Frank Bloothoofd

# Table des matières

# 1 Introduction à JavaScript      3

# 2 Éléments de base      10

# 3 Contrôler le flux      22

# 4 Fonctions

# 5 Travailler avec les chaînes de caractères

# 9 Portée et Closures 80

# 10 Fonctions avancées 88

# 11 Dates et heures 96

# 12 Introduction au DOM 103

# 13 Événements 113

# 14 Formulaires 129

# 15

## Stockage local, stockage de session et cookies    140

# 16

## JavaScript asynchrone    149

# 17

## Effectuer des requêtes réseau    163

# *18* Modules JavaScript     172

# *19* Chapitre 19 : Expressions régulières     181

# *20* Un regard vers le futur     190

# Introduction

Ce livre est conçu pour tout le monde, et je dis bien *tout le monde*, intéressé par l'apprentissage de JavaScript. Vous pourriez être :

- **Un(e) débutant(e) complet(e)** : Peut-être n'avez-vous jamais écrit une seule ligne de code auparavant. C'est parfaitement acceptable ! Nous commencerons par les bases absolues et construirons vos connaissances étape par étape. Aucune expérience préalable en programmation n'est requise.
- **Un(e) concepteur(trice) web** : Vous êtes à l'aise avec HTML et CSS, et vous souhaitez ajouter de l'interactivité et un comportement dynamique à vos sites web. Ce livre vous montrera comment faire exactement cela.
- **Un(e) programmeur(se) familier(ère) avec d'autres langages** : Peut-être connaissez-vous déjà Python, Java, C++, ou un autre langage, et vous cherchez à élargir vos compétences avec JavaScript. Vous trouverez les concepts familiers, et nous nous concentrerons sur les aspects uniques de JavaScript.
- **Quelqu'un qui a déjà tâté JavaScript** : Si vous avez déjà bricolé avec JavaScript dans le passé mais n'avez jamais vraiment saisi les fondamentaux, ce livre vous fournira une base solide.
- **Quelqu'un cherchant à en savoir plus sur les dernières fonctionnalités de JavaScript et à mettre à jour ses connaissances** : Ce livre couvrira la plupart, sinon la totalité, des nouvelles fonctionnalités de JavaScript.
- **Quelqu'un qui cherche à rafraîchir ses connaissances en JavaScript** : Si vous revenez à Javascript après une longue période, ce livre vous aidera à le faire.

Quel que soit votre parcours, si vous avez le désir d'apprendre JavaScript, ce livre est fait pour vous.

## Prérequis

Il y a très peu de prérequis pour ce livre. Voici ce dont vous aurez besoin :

- **Un ordinateur** : Vous pouvez utiliser un ordinateur Windows, macOS ou Linux.
- **Un éditeur de texte** : Un simple éditeur de texte (comme le Bloc-notes sous Windows, TextEdit sous macOS, ou gedit sous Linux) fonctionnera, mais un éditeur de code avec coloration syntaxique et d'autres fonctionnalités utiles (comme Visual Studio Code, Sublime Text, ou Atom) est fortement recommandé. Visual Studio Code (VS Code) est un excellent choix, gratuit et largement utilisé par les développeurs JavaScript. Nous avons couvert davantage sur les éditeurs de texte dans la section 1.4.
- **Un navigateur web** : Vous aurez besoin d'un navigateur web moderne (comme Chrome, Firefox, Edge ou Safari) pour exécuter et tester votre code JavaScript.

- **Connaissances informatiques de base** : Vous devriez être à l'aise avec des choses comme la création de fichiers et de dossiers, la navigation dans le système de fichiers de votre ordinateur et l'utilisation d'un navigateur web.
- **Une connexion Internet** : Vous en aurez besoin pour accéder aux ressources en ligne.
- **Connaissances de base en HTML** : Vous devez comprendre la structure fondamentale d'un document HTML, y compris les balises courantes telles que `<html>`, `<head>`, `<body>`, `<p>`, `<h1>` - `<h6>`, `<div>`, `<span>`, `<a>`, `<img>`, `<form>`, `<input>`, `<button>`, et `<script>`. Vous n'avez pas besoin d'être un expert en HTML, mais savoir comment créer une page web simple avec ces éléments sera très bénéfique.
- **Connaissances de base en CSS** : Vous devez avoir une compréhension de base de la façon dont CSS est utilisé pour styliser les éléments HTML. Cela inclut des concepts tels que :
  - Les sélecteurs (sélecteurs d'éléments, sélecteurs de classe, sélecteurs d'ID)
  - Les propriétés (par exemple, `color`, `font-size`, `background-color`, `width`, `height`, `margin`, `padding`)
  - Les valeurs (par exemple, `red`, `16px`, `blue`, `100%`, `20px`)
  - Comment lier un fichier CSS à un document HTML ou utiliser des styles en ligne. Vous n'avez *pas* besoin d'être un gourou du CSS. Savoir comment appliquer des styles de base sera suffisant.

C'est tout ! Aucune expérience en programmation préalable au-delà des bases de HTML et CSS n'est requise.

## Ce que ce livre *ne couvrira pas*

Bien que ce livre couvre beaucoup de terrain, il ne peut pas couvrir *tout* ce qui concerne JavaScript. Certains sujets qui sortent du cadre de ce livre incluent :

- **Frameworks et bibliothèques avancés** : Nous aborderons les bases de l'utilisation de bibliothèques externes, mais nous n'entrerons pas dans les détails de frameworks spécifiques comme React, Angular ou Vue.js. Ce sont des sujets vastes qui méritent leurs propres livres.
- **JavaScript côté serveur (Node.js) en profondeur** : Bien que nous couvrions Node.js au chapitre 1, nous ne fournirons qu'une brève introduction ; vous apprendrez à exécuter vos fichiers en l'utilisant.
- **Construction de projets spécifiques** : Ce livre se concentre sur l'enseignement du *langage* lui-même. Nous ne construirons pas une application complète et complexe de bout en bout. Au lieu de cela, nous nous concentrerons sur la fourniture des éléments constitutifs afin que vous puissiez les appliquer à vos *propres* projets.

## Commençons !

Êtes-vous prêt à commencer votre voyage JavaScript ? Tournez la page et plongeons dans le Chapitre 1 !

# *1*

# Introduction à JavaScript

Ce chapitre sera votre premier pas dans un voyage vers la maîtrise de l'un des langages de programmation les plus polyvalents et les plus utilisés aujourd'hui. Nous explorerons ce qu'est JavaScript, son histoire, son rôle crucial dans le développement web, et nous vous aiderons même à mettre en place votre premier programme. Ne vous inquiétez pas si vous n'avez jamais écrit une ligne de code auparavant ; nous allons procéder étape par étape.

## 1.1    Qu'est-ce que JavaScript et pourquoi l'apprendre ?

JavaScript est un langage de programmation interprété de haut niveau qui donne vie aux sites web et aux applications web. Considérez un site web comme une maison. HTML fournit la structure (les murs, le toit, les pièces), CSS stylise l'apparence (la peinture, les meubles, les décorations), et JavaScript ajoute l'*interactivité*. C'est le câblage électrique, la plomberie, les fonctionnalités de la maison intelligente - les choses qui rendent la maison dynamique et réactive.

*Mais pourquoi devriez*-vous *apprendre JavaScript ?* Eh bien, voici quelques raisons convaincantes :

- **Omniprésence** : Il est *partout*. JavaScript s'exécute dans les navigateurs web, sur les serveurs et même sur certains appareils intelligents. Apprendre JavaScript ouvre les portes à un large éventail de possibilités de développement.
- **Convivial pour les débutants** : Bien qu'il ait ses complexités (comme tout langage), JavaScript est relativement facile à prendre en main, surtout pour les débutants. Vous pouvez commencer à voir des résultats rapidement, ce qui est extrêmement motivant.
- **Immense communauté et ressources** : Si vous êtes bloqué, il existe d'innombrables tutoriels, forums et communautés prêts à vous aider. Vous n'êtes jamais seul dans votre parcours JavaScript.
- **Opportunités de carrière** : Les développeurs JavaScript sont très demandés. La maîtrise de ce langage peut considérablement améliorer vos perspectives de carrière dans l'industrie technologique.

- **Polyvalence:** Il est utilisé dans une variété d'applications, du développement web au développement de jeux, et plus encore.

## 1.2    Une brève histoire de JavaScript (et sa relation avec ECMAScript)

Faisons un petit voyage dans le temps. JavaScript a été créé en 1995 par Brendan Eich chez Netscape (la société à l'origine du navigateur Netscape Navigator, alors dominant). Il s'appelait à l'origine LiveScript, mais a été rapidement renommé JavaScript, en partie pour capitaliser sur la popularité de Java (bien que les deux langages soient fondamentalement différents).

Maintenant, voici où ECMAScript entre en jeu. Pour assurer la cohérence entre les différents navigateurs, JavaScript a été standardisé. Cette norme s'appelle ECMAScript. Vous verrez souvent des termes comme ES6 (ECMAScript 2015), ES2016, ESNext, etc. Ils font référence à différentes versions de la norme ECMAScript, que les implémentations JavaScript suivent. Considérez ECMAScript comme le plan, et JavaScript comme le bâtiment construit selon ce plan. De nouvelles fonctionnalités sont régulièrement ajoutées à la norme ECMAScript, et les fournisseurs de navigateurs mettent ensuite à jour leurs moteurs JavaScript pour prendre en charge ces nouvelles fonctionnalités.

## 1.3    Le rôle de JavaScript dans le développement web

Le domaine de JavaScript s'étend bien au-delà de la simple interactivité des sites web. Son rôle peut être globalement catégorisé :

### Développement Front-End

C'est le domaine traditionnel de JavaScript. C'est ce qui se passe *à l'intérieur* du navigateur de l'utilisateur. JavaScript gère des choses comme :

- **Répondre aux actions de l'utilisateur :** Lorsque vous cliquez sur un bouton, remplissez un formulaire ou faites défiler une page, JavaScript est souvent en coulisses, faisant en sorte que les choses se produisent.
- **Mise à jour dynamique du contenu :** JavaScript peut modifier le contenu d'une page web *sans* nécessiter un rechargement complet de la page. Cela rend l'expérience utilisateur beaucoup plus fluide et interactive.
- **Animations et effets visuels :** Des fondus subtils aux animations complexes, JavaScript peut ajouter une touche visuelle aux sites web.
- **Validation des entrées utilisateur :** Avant de soumettre un formulaire, JavaScript peut vérifier si vous avez entré une adresse e-mail valide, un mot de passe fort, ou rempli tous les champs obligatoires.

## Développement Back-End

Grâce à Node.js (un environnement d'exécution JavaScript), JavaScript peut désormais également s'exécuter *en dehors* du navigateur, sur des serveurs. Cela permet aux développeurs d'utiliser JavaScript pour :

- **Construire une logique côté serveur** : Gérer les requêtes du navigateur, interagir avec les bases de données et générer du contenu dynamique.
- **Créer des API** : Les API (Application Programming Interfaces) permettent à différentes applications de communiquer entre elles. JavaScript est un choix populaire pour la construction d'API.
- **Applications en temps réel** : Node.js excelle dans la gestion de la communication en temps réel, ce qui le rend adapté aux applications de chat, aux jeux en ligne et aux outils collaboratifs.

## Au-delà du Web

La portée de JavaScript s'étend au-delà du web traditionnel :

- **Développement d'applications mobiles** : Des frameworks comme React Native et Ionic vous permettent de créer des applications mobiles pour iOS et Android en utilisant JavaScript.
- **Développement d'applications de bureau (GUI)** :
  - Avec des frameworks comme Electron.
- **Développement de jeux** : JavaScript, combiné à des technologies HTML5 comme l'API Canvas, peut être utilisé pour créer des jeux basés sur navigateur.
- **Internet des objets (IoT)** : JavaScript trouve même sa place dans les systèmes embarqués et les appareils IoT.

# 1.4    Configuration de votre environnement de développement

Pour commencer à écrire et à exécuter du code JavaScript, vous aurez besoin de quelques outils :

1. **Un éditeur de texte ou un IDE** : C'est là que vous écrirez votre code. Il existe de nombreuses options disponibles, des simples éditeurs de texte aux environnements de développement intégrés (IDE) plus puissants :

   - **Visual Studio Code (VS Code)** : Un éditeur de code gratuit, très populaire et très extensible. Il offre un excellent support pour JavaScript.
   - **Sublime Text** : Un éditeur de texte léger et rapide.
   - **Atom** : Un autre éditeur de texte populaire et personnalisable.
   - **WebStorm** : Un IDE puissant (mais payant) spécialement conçu pour le développement JavaScript.
   - N'importe quel éditeur de texte comme `Notepad`, `TextEdit`...etc.

Pour les débutants, VS Code est fortement recommandé en raison de sa convivialité et de ses nombreuses fonctionnalités.

2. **Un navigateur Web :** Vous aurez besoin d'un navigateur web moderne (comme Chrome, Firefox, Edge ou Safari) pour exécuter votre code JavaScript.

3. **Outils de développement du navigateur :** Chaque navigateur moderne est livré avec des outils de développement intégrés, qui sont essentiels pour déboguer et inspecter votre code. Vous pouvez généralement y accéder en cliquant avec le bouton droit sur une page web et en sélectionnant "Inspecter" ou "Inspecter l'élément", ou en appuyant sur F12 (ou Cmd+Option+I sur macOS). Les outils de développement incluent :

   ▶ **Console :** C'est là que vous pouvez voir la sortie JavaScript (y compris les messages d'erreur) et même exécuter du code JavaScript directement.
   ▶ **Éléments/Inspecteur :** Permet d'afficher et de modifier le HTML et le CSS d'une page web.
   ▶ **Réseau :** Vous montre les requêtes réseau effectuées par la page.
   ▶ **Sources/Débogueur :** Permet de parcourir votre code JavaScript ligne par ligne, de définir des points d'arrêt et d'inspecter les variables. Ceci est inestimable pour le débogage.

# 1.5 Votre premier programme JavaScript

Mettons la main à la pâte et écrivons notre premier programme JavaScript ! Nous commencerons par l'exemple classique "Hello, World!". Voici les étapes :

1. Ouvrez l'éditeur de texte de votre choix.
2. Créez un nouveau fichier et enregistrez-le sous `hello.html` (l'extension `.html` indique qu'il s'agit d'un fichier HTML).
3. Tapez le code suivant dans le fichier :

```
<!DOCTYPE html>
<html>
  <head>
    <title>Mon premier programme JavaScript</title>
  </head>
  <body>
    <h1>Hello, World!</h1>
    <script>
      console.log("Hello, World! depuis JavaScript !");
    </script>
  </body>
</html>
```

1. Enregistrez le fichier.
2. Ouvrez le fichier `hello.html` dans votre navigateur web (vous pouvez généralement simplement double-cliquer sur le fichier).

Vous devriez voir "Hello, World!" affiché comme un titre sur la page. Maintenant, ouvrez les outils de développement de votre navigateur (F12 ou clic droit et choisissez "Inspecter") et allez à l'onglet "Console". Vous devriez y voir un autre message "Hello, World! depuis JavaScript !".

Décomposons le code :

- `<!DOCTYPE html>` et `<html>`, `<head>`, `<body>` : Ce sont des balises HTML de base qui définissent la structure d'une page web. Ne vous en souciez pas trop pour l'instant ; nous aborderons HTML plus en détail plus tard.
- `<title>` : Définit le titre de la page (affiché dans l'onglet du navigateur).
- `<h1>` : Crée un titre de niveau 1 (le plus grand titre).
- `<script>` : C'est là que la magie opère ! La balise `<script>` indique au navigateur que le code inclus est du JavaScript.
- `console.log("Hello, World! depuis JavaScript !");` : C'est le code JavaScript proprement dit.
  - `console.log()` est une fonction JavaScript intégrée qui affiche la sortie dans la console du navigateur.
  - `"Hello, World! depuis JavaScript !"` est une *chaîne de caractères* (une séquence de caractères) que nous passons à la fonction `console.log()`.
  - Le point-virgule (`;`) à la fin de la ligne est facultatif dans de nombreux cas en JavaScript, mais il est généralement conseillé de l'inclure. Il marque la fin d'une instruction.

Cet exemple simple démontre le processus de base d'intégration de JavaScript dans un fichier HTML et d'utilisation de `console.log()` pour afficher la sortie. Cette méthode d'affichage de la sortie sera inestimable au fur et à mesure que nous progresserons, et est également très pratique pour le débogage.

# 1.6 Où écrire votre code JavaScript

Il existe différents endroits pour ajouter ou écrire votre code JavaScript :

## JavaScript en ligne

Vous pouvez ajouter du code JavaScript directement à n'importe quel élément en utilisant des attributs d'événement. Jetez un coup d'œil à l'exemple ci-dessous :

```
<!DOCTYPE html>
<html>
  <head>
    <title>Exemple de JavaScript en ligne</title>
  </head>
  <body>
    <button onclick="alert('Vous avez cliqué sur le bouton !')">
      Cliquez-moi
    </button>
  </body>
```

```
</html>
```

- `onclick` : Lorsque vous cliquez, le code à l'intérieur des guillemets doubles sera exécuté.
- `alert()` : Il s'agit d'une autre fonction intégrée à JavaScript, que nous utiliserons dans un chapitre ultérieur.

## JavaScript interne

Vous pouvez écrire votre code soit à l'intérieur de l'élément `<head>`, soit à l'intérieur de l'élément `<body>` en utilisant la balise `<script>`, comme nous l'avons fait auparavant.

```
<!DOCTYPE html>
<html>
  <head>
    <title>Exemple de JavaScript interne</title>
    <script>
      function saluer() {
        alert("Bonjour depuis l'intérieur du head !");
      }
    </script>
  </head>
  <body>
    <button onclick="saluer()">Saluer</button>
    <script>
      alert("Bonjour depuis l'intérieur du body !");
    </script>
  </body>
</html>
```

## JavaScript externe

Cela implique la création d'un fichier `.js` séparé pour augmenter la lisibilité et la maintenabilité du code.

1. Créez un fichier `script.js`.
2. Ajoutez n'importe quel code JavaScript. Par exemple :

```
alert("Bonjour depuis un fichier externe !");
```

3. Créez un fichier `index.html`.
4. Liez les deux fichiers comme ceci :

```
<!DOCTYPE html>
<html>
  <head>
```

```
      <title>Exemple de JavaScript externe</title>
      <script src="script.js"></script>
    </head>
    <body></body>
  </html>
```

- src : Le chemin vers votre fichier JavaScript.

## Plusieurs fichiers js externes

Vous pouvez lier plusieurs fichiers js, et c'est un bon moyen de séparer les préoccupations dans votre code et d'écrire un code propre et maintenable. Voici un exemple de liaison de plusieurs fichiers :

```
<!DOCTYPE html>
<html>
  <head>
    <title>Exemple de plusieurs fichiers JavaScript externes</title>
    <script src="script1.js"></script>
    <script src="script2.js"></script>
    <script src="script3.js"></script>
  </head>
  <body></body>
</html>
```

# 1.7   Résumé

Dans ce chapitre, vous avez été initié à JavaScript, à son histoire et à son large éventail d'applications. Vous avez configuré votre environnement de développement, écrit votre premier programme "Hello, World!" et appris comment écrire votre code à différents endroits. Vous êtes maintenant prêt à plonger plus profondément dans les fondamentaux du langage. Dans le prochain chapitre, nous explorerons les éléments de base de JavaScript : les variables, les types de données et les opérateurs. Ces concepts sont essentiels pour écrire tout code JavaScript significatif, alors commençons !

# 2

# Éléments de base

Dans ce chapitre, nous allons plonger dans les composants fondamentaux qui forment la base de tout programme JavaScript : les variables, les types de données et les opérateurs. Considérez les variables comme des conteneurs pour stocker des informations, les types de données comme le type d'informations que ces conteneurs peuvent contenir, et les opérateurs comme des outils pour manipuler ces informations. La maîtrise de ces concepts est absolument *cruciale* pour écrire n'importe quel type de code JavaScript, du script le plus simple à l'application la plus complexe. Nous explorerons chacun de ces concepts, en fournissant de nombreux exemples en cours de route. Nous allons nous appuyer sur ce que nous avons appris au chapitre 1.

## 2.1   Stockage de données

Les variables sont utilisées pour stocker des données que votre programme peut utiliser et manipuler. Vous pouvez imaginer une variable comme une boîte étiquetée - vous donnez un nom à la boîte (le nom de la variable) et vous mettez quelque chose à l'intérieur (la valeur). Plus tard, vous pouvez vous référer à la boîte par son nom pour récupérer ou modifier son contenu.

En JavaScript, il existe trois mots-clés principaux utilisés pour déclarer des variables : `let`, `const` et `var`. Examinons chacun d'eux :

### Le mot-clé `let`

C'est le mot-clé le plus couramment utilisé pour déclarer des variables en JavaScript moderne. Il vous permet de déclarer une variable à laquelle on peut *réaffecter* une valeur différente plus tard.

```
let age = 30; // Déclare une variable nommée 'age' et lui affecte la valeur 30.
console.log(age); // Sortie : 30
```

```
age = 31; // Réaffecte une nouvelle valeur à 'age'.
console.log(age); // Sortie : 31
```

Dans cet extrait, 'age' contient initialement la valeur 30. Plus tard, nous changeons sa valeur à 31. Le mot-clé `let` permet cette flexibilité.

## Le mot-clé `const`

`const` est utilisé pour déclarer des variables dont les valeurs ne doivent *pas* changer après leur affectation initiale. Celles-ci sont appelées "variables constantes" ou simplement "constantes". Essayer de réaffecter une variable `const` entraînera une erreur.

```
const PI = 3.14159; // Déclare une constante nommée 'PI'.
console.log(PI); // Sortie : 3.14159

// PI = 3.14;  // Cela provoquerait une erreur ! Vous ne pouvez pas réaffecter
une constante.
// TypeError: Assignment to constant variable.
```

`const` est idéal pour les valeurs qui sont connues et ne devraient jamais changer, comme les constantes mathématiques ou les paramètres de configuration. Il aide à prévenir les modifications accidentelles et rend votre code plus facile à comprendre. Notez que bien que vous ne puissiez pas réaffecter une valeur *primitive* (comme un nombre ou une chaîne de caractères) à une variable `const`, si la variable `const` contient un *objet* ou un *tableau*, vous *pouvez* modifier les propriétés de cet objet ou les éléments de ce tableau. Nous aborderons plus en détail les objets et les tableaux dans les chapitres suivants.

## Le mot-clé `var`

`var` est l'ancienne façon de déclarer des variables en JavaScript. Bien qu'il fonctionne toujours, il a quelques bizarreries liées à ses règles de portée (que nous aborderons au chapitre 9) qui peuvent prêter à confusion. Pour cette raison, il est généralement recommandé d'utiliser `let` et `const` pour le nouveau code, plutôt que `var`.

Voici un exemple qui montre l'utilisation de var :

```
var message = "Bonjour";
console.log(message); // Sortie : Bonjour
message = "Au revoir";
console.log(message); // Sortie : Au revoir
```

## Conventions de nommage

Choisir de bons noms de variables est important pour la lisibilité du code. Voici quelques conventions à garder à l'esprit :

- **Utilisez des noms descriptifs** : Choisissez des noms qui indiquent clairement le but de la variable. `nomUtilisateur` est meilleur que `x`.
- **Camel Case** : Pour les noms de variables composés de plusieurs mots, utilisez le camel case (par exemple, `prenom`, `ageUtilisateur`, `estConnecte`). Le premier mot est en minuscules et les mots suivants commencent par une majuscule.
- **Commencez par une lettre, un trait de soulignement ou un signe dollar** : Les noms de variables *ne peuvent pas* commencer par un chiffre. Ils peuvent commencer par une lettre (a-z, A-Z), un trait de soulignement (_) ou un signe dollar ($).
- **Sensible à la casse** : JavaScript est sensible à la casse, ce qui signifie que `maVariable` et `mavariable` sont considérées comme des variables *différentes*.
- **Évitez les mots réservés** : N'utilisez pas les mots réservés JavaScript (mots-clés) comme noms de variables (par exemple, `let`, `const`, `if`, `else`, `function`, `return`, etc.).
- **Soyez cohérent** : Respectez un style de nommage cohérent tout au long de votre code.

## 2.2    Comprendre les types de données

Maintenant que nous savons comment stocker des données dans des variables, parlons des *types* de données que JavaScript peut gérer. Un type de données spécifie le type de valeur qu'une variable peut contenir et les opérations qui peuvent être effectuées sur celle-ci. JavaScript a plusieurs types de données primitifs et un type de données complexe :

### Nombres

JavaScript a un seul type `Number` pour représenter à la fois les entiers (nombres entiers) et les nombres à virgule flottante (nombres avec des décimales).

```
let entier = 10;
let decimal = 3.14;
let nombreNegatif = -5;
```

JavaScript a également des valeurs numériques spéciales :

- `Infinity` : Représente l'infini positif (un nombre plus grand que tout autre nombre).
- `-Infinity` : Représente l'infini négatif.
- `NaN` : Signifie "Not a Number" (Pas un nombre). C'est le résultat d'une opération numérique non valide (par exemple, diviser une chaîne de caractères par un nombre).

```
console.log(1 / 0); // Sortie : Infinity
console.log(-1 / 0); // Sortie : -Infinity
console.log("bonjour" / 2); // Sortie : NaN
```

## Chaînes de caractères (Strings)

Les chaînes de caractères sont utilisées pour représenter du texte. Elles sont entourées de guillemets simples ('...'), de guillemets doubles ("...") ou de backticks (`...`).

```
let guillemetsSimples = 'Bonjour, le monde !';
let guillemetsDoubles = "Ceci est également une chaîne.";
let chaineBacktick = `Ceci est un littéral de gabarit.`; // Nous les aborderons
au chapitre 5.
console.log(guillemetsSimples);  //Sortie: Bonjour, le monde !
console.log(guillemetsDoubles); //Sortie: Ceci est également une chaîne.
console.log(chaineBacktick);     //Sortie: Ceci est un littéral de gabarit.
```

Vous pouvez *concaténer* (joindre) des chaînes de caractères en utilisant l'opérateur + :

```
let prenom = "Jean";
let nom = "Dupont";
let nomComplet = prenom + " " + nom; // Ajouter un espace entre les deux.
console.log(nomComplet); // Sortie : Jean Dupont
```

## Booléens

Les booléens représentent des valeurs de vérité : true (vrai) ou false (faux). Ils sont utilisés dans les opérations logiques et les instructions conditionnelles (que nous aborderons au prochain chapitre).

```
let estConnecte = true;
let estGameOver = false;
```

## null et undefined

Ces deux valeurs spéciales représentent l'absence de valeur, mais de manière légèrement différente :

- undefined : Une variable qui a été déclarée mais à laquelle aucune valeur n'a été affectée est undefined.
- null : Représente l'absence intentionnelle de toute valeur d'objet. C'est une valeur que vous affectez explicitement.

```
let maVariable; // Déclarée mais non affectée.
console.log(maVariable); // Sortie : undefined

let valeurVide = null;
console.log(valeurVide); // Sortie : null
```

La distinction entre null et undefined peut être subtile. Considérez undefined comme "pas encore défini" et null comme "intentionnellement vide".

## Objets (brève introduction)

Les objets sont des structures de données plus complexes qui vous permettent de regrouper plusieurs valeurs (propriétés) et fonctions (méthodes) sous un seul nom. Ils sont des paires clé-valeur. Nous aborderons les objets en détail au chapitre 7, mais voici un aperçu :

```
let personne = {
  prenom: "Jean",
  nom: "Dupont",
  age: 30,
};

console.log(personne.prenom); // Sortie : Jean
```

## Symboles (brève introduction)

Les symboles sont un type de données unique et immuable introduit dans ES6. Considérez les symboles comme des identifiants uniques. Nous aborderons les symboles plus en détail dans les chapitres suivants.

```
const sym1 = Symbol();
const sym2 = Symbol("foo");
const sym3 = Symbol("foo");

console.log(sym2 === sym3); // Sortie : false
```

## BigInt

BigInt est un type numérique spécial qui permet de représenter des nombres entiers supérieurs à $2^{53}$ - 1. Pour créer un BigInt, vous devez ajouter n à la fin d'un nombre.

```
let bigIntExemple = 123456789123456789123456789n;
```

## Vérifier le type d'une variable avec typeof

L'opérateur typeof renvoie une chaîne de caractères indiquant le type de données d'une variable :

```
let num = 10;
let str = "bonjour";
let bool = true;
```

```
let undef;
let n = null;
let obj = {};
const sym = Symbol();
let bigIntNum = 12n;

console.log(typeof num); // Sortie : number
console.log(typeof str); // Sortie : string
console.log(typeof bool); // Sortie : boolean
console.log(typeof undef); // Sortie : undefined
console.log(typeof n); // Sortie : object (C'est une bizarrerie de JavaScript -
null est techniquement un type primitif, mais typeof renvoie "object")
console.log(typeof obj); // Sortie : object
console.log(typeof sym); // Sortie : symbol
console.log(typeof bigIntNum); // Sortie : bigint
```

## Conversion de type

JavaScript effectue souvent une conversion de type automatique (également appelée coercition de type) lorsqu'il rencontre des opérations impliquant différents types de données. Cela peut parfois conduire à des résultats inattendus.

```
console.log("10" + 5); // Sortie : "105" (concaténation de chaînes, 5 est
converti en chaîne de caractères)
console.log("10" - 5); // Sortie : 5 (soustraction numérique, "10" est converti
en nombre)
console.log("2" * "3"); // Sortie : 6 (Nombre)
console.log(true + 1);  // Sortie : 2 (true est converti en 1)
console.log(false + 1); // Sortie : 1 (false est converti en 0)
```

Il est également possible d'effectuer une conversion de type explicite en utilisant des fonctions intégrées :

```
let numStr = "123";
let num = Number(numStr); // Convertit une chaîne en nombre.
console.log(typeof num); // Sortie : number
console.log(num); // Sortie : 123

let strNum = String(456); // Convertit un nombre en chaîne.
console.log(typeof strNum); // Sortie : string

let boolVal = Boolean(0); // Convertit 0 en booléen (false)
console.log(boolVal); // Sortie : false

let boolVal2 = Boolean(1); // Convertit 1 en booléen (true)
console.log(boolVal2); // Sortie : true
```

```
let boolVal3 = Boolean("Bonjour"); // Convertit "Bonjour" en booléen (true)
console.log(boolVal3); // Sortie : true
```

Soyez attentif à la coercition de type, car elle peut parfois conduire à un comportement inattendu si vous n'êtes pas prudent.

# 2.3    Travailler avec les opérateurs

Les opérateurs sont des symboles ou des mots-clés qui effectuent des opérations sur une ou plusieurs valeurs (appelées opérandes). Nous avons déjà vu quelques exemples (comme + pour l'addition et la concaténation). Explorons les différentes catégories d'opérateurs plus en détail :

## Opérateurs arithmétiques

Ces opérateurs effectuent des calculs mathématiques :

| Opérateur | Description | Exemple | Résultat |
|---|---|---|---|
| + | Addition | 5 + 2 | 7 |
| − | Soustraction | 5 − 2 | 3 |
| * | Multiplication | 5 * 2 | 10 |
| / | Division | 5 / 2 | 2.5 |
| % | Modulo (reste) | 5 % 2 | 1 |
| ** | Exponentiation (ES2016) | 5 ** 2 | 25 |

```
let x = 10;
let y = 3;

console.log(x + y); // Sortie : 13
console.log(x - y); // Sortie : 7
console.log(x * y); // Sortie : 30
console.log(x / y); // Sortie : 3.3333333333333335
console.log(x % y); // Sortie : 1
console.log(x ** y); // Sortie : 1000
```

## Opérateurs d'affectation

Ces opérateurs affectent des valeurs à des variables :

| Opérateur | Description | Exemple | Équivalent à |
|---|---|---|---|
| = | Affectation simple | x = 5 | x = 5 |
| += | Ajouter et affecter | x += 5 | x = x + 5 |
| −= | Soustraire et affecter | x −= 5 | x = x − 5 |
| *= | Multiplier et affecter | x *= 5 | x = x * 5 |

| Opérateur | Description | Exemple | Équivalent à |
|---|---|---|---|
| /= | Diviser et affecter | x /= 5 | x = x / 5 |
| %= | Modulo et affecter | x %= 5 | x = x % 5 |
| **= | Exponentiation et affecter | x **= 5 | x = x ** 5 |
| ++ | Incrémentation (ajouter 1) | x++ ou ++x | x = x + 1 |
| -- | Décrémentation (soustraire 1) | x-- ou --x | x = x - 1 |

```
let a = 5;
a += 2; // a vaut maintenant 7 (même chose que a = a + 2)
console.log(a); // Sortie : 7

let b = 10;
b--; // b vaut maintenant 9 (même chose que b = b - 1)
console.log(b); // Sortie : 9

let c = 2;
c *= 4; // c = c * 4
console.log(c); // Sortie : 8
```

Les opérateurs d'incrémentation (++) et de décrémentation (--) peuvent être utilisés sous forme de *préfixe* (++x) ou de *postfixe* (x++). La différence est subtile mais importante :

- **Préfixe** : La variable est incrémentée/décrémentée *avant* que sa valeur ne soit utilisée dans l'expression.
- **Postfixe** : La valeur *actuelle* de la variable est utilisée dans l'expression, puis elle est incrémentée/décrémentée.

```
let p = 5;
let q = ++p; // p est incrémenté à 6, puis q reçoit la valeur 6.
console.log(p); // Sortie : 6
console.log(q); // Sortie : 6

let r = 5;
let s = r++; // s reçoit la valeur actuelle de r (5), puis r est incrémenté à 6.
console.log(r); // Sortie : 6
console.log(s); // Sortie : 5
```

## Opérateurs de comparaison

Utilisés pour comparer des valeurs, ils renvoient toujours une valeur booléenne (true ou false) :

| Opérateur | Description | Exemple | Résultat |
|---|---|---|---|
| == | Égal à (égalité faible) | 5 == "5" | true |
| === | Strictement égal à | 5 === "5" | false |
| != | Différent de (inégalité faible) | 5 != "5" | false |
| !== | Strictement différent de | 5 !== "5" | true |

| Opérateur | Description | Exemple | Résultat |
|-----------|-------------|---------|----------|
| > | Supérieur à | 5 > 2 | true |
| < | Inférieur à | 5 < 2 | false |
| >= | Supérieur ou égal à | 5 >= 5 | true |
| <= | Inférieur ou égal à | 5 <= 2 | false |

```
console.log(5 == "5"); // Sortie : true (égalité faible - vérifie seulement la
valeur)
console.log(5 === "5"); // Sortie : false (égalité stricte - vérifie la valeur
ET le type)
console.log(10 > 5); // Sortie : true
console.log(3 <= 3); // Sortie : true
```

La différence clé est entre l'égalité faible (==) et l'égalité stricte (===). L'égalité faible effectue une coercition de type, tandis que l'égalité stricte ne le fait *pas*. Il est généralement recommandé d'utiliser l'égalité stricte (=== et !==) pour éviter les résultats inattendus de la coercition de type.

## Opérateurs logiques

Ces opérateurs combinent ou modifient des expressions booléennes :

Ces opérateurs combinent ou modifient des expressions booléennes :

| Opérateur | Description | Exemple | Résultat |
|-----------|-------------|---------|----------|
| && | ET logique | true && true | true |
| | | | true && false | false |
| \|\| | OU logique | true \|\| false | true |
| | | | false \|\| false | false |
| ! | NON logique | !true | false |
| | | | !false | true |

```
let estUtilisateurConnecte = true;
let aUnAbonnementValide = false;

// Vérifie si l'utilisateur est connecté ET a un abonnement valide
if (estUtilisateurConnecte && aUnAbonnementValide) {
  console.log("Accès autorisé.");
} else {
  console.log("Accès refusé."); // ce code sera exécuté.
}

// Vérifie s'il pleut OU si l'utilisateur a un parapluie.
let ilPleut = false;
let aUnParapluie = true;
```

```
if (ilPleut || aUnParapluie) {
  console.log("Vous êtes prêt à partir !"); // Ce code sera exécuté
}

console.log(!estUtilisateurConnecte); // Sortie : false
```

## L'opérateur ternaire (`condition ? expr1 : expr2`)

C'est un raccourci pour écrire une instruction `if...else` (nous en parlerons plus en détail dans le prochain chapitre).

```
let age = 20;
let message = age >= 18 ? "Vous êtes un adulte." : "Vous êtes mineur.";
console.log(message); // Sortie : Vous êtes un adulte.
```

L'opérateur ternaire prend trois opérandes :

1. Une condition (qui s'évalue à `true` ou `false`).
2. Une expression à exécuter si la condition est `true`.
3. Une expression à exécuter si la condition est `false`.

C'est un opérateur utile, mais il vaut mieux l'éviter dans les conditions imbriquées pour éviter la complexité du code.

## Priorité et associativité des opérateurs

Lorsqu'une expression comporte plusieurs opérateurs, JavaScript suit des règles de *priorité* et d'*associativité* pour déterminer l'ordre des opérations.

- **Priorité** : Détermine quels opérateurs sont évalués en premier. Par exemple, la multiplication (`*`) a une priorité plus élevée que l'addition (`+`), donc `2 + 3 * 4` est évalué comme `2 + (3 * 4)`, ce qui donne `14`, et non `20`.
- **Associativité** : Détermine l'ordre lorsque les opérateurs ont la même priorité. La plupart des opérateurs sont associatifs à gauche (évalués de gauche à droite), mais certains (comme l'opérateur d'affectation) sont associatifs à droite.

```
console.log(2 + 3 * 4); // Sortie : 14 (multiplication avant addition)
console.log(10 - 5 - 2); // Sortie : 3 (soustraction associative à gauche)
let x = 5;
let y = 10;
x = y = 2; // y reçoit 2, puis x reçoit la valeur de y (qui est 2)
console.log(x); // Sortie : 2
console.log(y); // Sortie : 2
```

Les parenthèses `()` peuvent être utilisées pour remplacer la priorité et l'associativité par défaut, comme en mathématiques.

```
console.log((2 + 3) * 4); // Sortie : 20 (les parenthèses forcent l'addition en
premier)
```

## 2.4    Commentaires

Les commentaires sont essentiels pour documenter votre code, expliquer son objectif et le rendre plus facile à comprendre (pour vous-même et pour les autres). JavaScript prend en charge deux types de commentaires :

- **Commentaires sur une seule ligne** : Commencent par //. Tout ce qui suit // sur cette ligne est ignoré par le moteur JavaScript.

```
// Ceci est un commentaire sur une seule ligne.
let monNombre = 42; // Ce commentaire explique la déclaration de la variable.
```

- **Commentaires multi-lignes** : Commencent par /* et se terminent par */. Tout ce qui se trouve entre ces délimiteurs est ignoré, même si cela s'étend sur plusieurs lignes.

```
/*
Ceci est un commentaire multi-lignes.
Il peut s'étendre sur plusieurs lignes.
Ceci est utile pour des explications plus longues.
*/
let monNom = "Alice";
```

Utilisez les commentaires généreusement pour expliquer :

- Le but d'un bloc de code.
- Une logique ou des algorithmes complexes.
- Pourquoi vous avez fait certains choix.
- Les TODO (choses à faire plus tard).
- Du code temporaire (commentez-le).

## 2.5    Résumé

Dans ce chapitre, nous avons couvert les éléments constitutifs fondamentaux de JavaScript : les variables (en utilisant let, const et var), les types de données (nombres, chaînes de caractères, booléens, null, undefined, objets, symboles, et BigInt), et les opérateurs (arithmétiques, d'affectation, de comparaison, logiques et l'opérateur ternaire). Vous avez appris à déclarer des variables avec des noms descriptifs, l'importance des types de données, comment la priorité des opérateurs affecte les calculs, et à utiliser efficacement les commentaires. Ces concepts fondamentaux sont cruciaux pour comprendre tout code JavaScript que vous écrivez ou rencontrez. Dans le prochain chapitre, nous explorerons comment contrôler le flux de nos programmes en utilisant des instructions conditionnelles et des boucles. Cela nous permettra d'écrire du code qui prend des décisions et répète des actions, ouvrant un tout nouveau niveau de puissance de programmation.

# 3

# Contrôler le flux

Dans le chapitre précédent, nous avons découvert les variables, les types de données et les opérateurs, les éléments constitutifs de JavaScript. Nous allons maintenant apprendre à rendre nos programmes *dynamiques* et *réactifs* en contrôlant le flux d'exécution. Ce chapitre se concentre sur deux concepts cruciaux : les *instructions conditionnelles* et les *boucles*. Les instructions conditionnelles nous permettent d'exécuter différents blocs de code selon que certaines conditions sont vraies ou fausses. Les boucles nous permettent de répéter un bloc de code plusieurs fois. Ces outils sont essentiels pour créer des programmes capables de s'adapter à différentes situations et d'effectuer des tâches répétitives efficacement.

## 3.1    Prendre des décisions avec des instructions conditionnelles

Les instructions conditionnelles sont comme des carrefours pour votre code. Elles vous permettent de choisir le chemin à emprunter en fonction d'une condition.

### L'instruction if

L'instruction if est l'instruction conditionnelle la plus basique. Elle exécute un bloc de code *uniquement si* une condition spécifiée est vraie.

```
if (condition) {
  // Code à exécuter si la condition est vraie
}
```

- condition : Une expression qui s'évalue à true (vrai) ou false (faux). Cela implique souvent des opérateurs de comparaison (comme ===, !==, >, <, >=, <=) ou des opérateurs logiques (&&, ||, !).

Voici un exemple simple :

```
let age = 20;

if (age >= 18) {
  console.log("Vous êtes éligible pour voter.");
}
```

Dans ce cas, la condition `age >= 18` est vraie (car `age` est 20), donc le code à l'intérieur des accolades {} est exécuté, et le message "Vous êtes éligible pour voter." est affiché dans la console. Si `age` était inférieur à 18, le bloc de code serait entièrement ignoré.

## L'instruction `if...else`

L'instruction `if...else` fournit un bloc de code alternatif à exécuter si la condition est `false`.

```
if (condition) {
  // Code à exécuter si la condition est vraie
} else {
  // Code à exécuter si la condition est fausse
}
```

Modifions notre exemple précédent :

```
let age = 15;

if (age >= 18) {
  console.log("Vous êtes éligible pour voter.");
} else {
  console.log("Vous n'êtes pas encore éligible pour voter.");
}
```

Maintenant, puisque `age` est 15 (ce qui est inférieur à 18), la condition est `false`. Le code à l'intérieur du bloc `else` est exécuté, et "Vous n'êtes pas encore éligible pour voter." est affiché.

## L'instruction `if...else if...else`

Vous pouvez enchaîner plusieurs conditions ensemble en utilisant `else if`. Cela vous permet de vérifier une série de possibilités :

```
if (condition1) {
  // Code à exécuter si condition1 est vraie
} else if (condition2) {
  // Code à exécuter si condition2 est vraie
} else if (condition3) {
  // Code à exécuter si condition3 est vraie
```

```
} else {
    // Code à exécuter si aucune des conditions n'est vraie
}
```

Exemple :

```
let score = 85;

if (score >= 90) {
    console.log("Note : A");
} else if (score >= 80) {
    console.log("Note : B"); // Ce bloc sera exécuté
} else if (score >= 70) {
    console.log("Note : C");
} else if (score >= 60) {
    console.log("Note : D");
} else {
    console.log("Note : F");
}
```

JavaScript vérifie chaque condition dans l'ordre. Dès qu'il trouve une condition qui est vraie, il exécute le bloc de code correspondant et *ignore* le reste des blocs else if et else. Si aucune des conditions n'est vraie, le bloc else (s'il est présent) est exécuté.

## Instructions if imbriquées

Vous pouvez placer des instructions if *à l'intérieur* d'autres instructions if. C'est ce qu'on appelle l'imbrication.

```
let num = 10;

if (num > 0) {
    if (num % 2 === 0) {
        console.log("Le nombre est positif et pair.");
    } else {
        console.log("Le nombre est positif et impair.");
    }
} else {
    console.log("Le nombre n'est pas positif.");
}
```

Dans cet exemple, l'instruction if extérieure vérifie si num est positif. Si c'est le cas, l'instruction if intérieure vérifie si num est pair ou impair. L'imbrication peut être utile pour une logique complexe, mais veillez à ne pas trop imbriquer votre code, car il peut devenir difficile à lire.

# L'instruction `switch`

L'instruction `switch` offre une autre façon de gérer plusieurs conditions, en particulier lorsque vous comparez une seule variable à plusieurs valeurs possibles.

```
switch (expression) {
  case valeur1:
    // Code à exécuter si expression === valeur1
    break;
  case valeur2:
    // Code à exécuter si expression === valeur2
    break;
  case valeur3:
    // Code à exécuter si expression === valeur3
    break;
  default:
    // Code à exécuter si aucun des cas ne correspond
}
```

- `expression` : La valeur à vérifier.
- `case valeur:` : Spécifie une valeur possible pour l'expression. Si l'expression correspond à la valeur, le bloc de code correspondant est exécuté.
- `break` : Ce mot-clé est *crucial*. Il quitte l'instruction `switch`. Si vous omettez `break`, l'exécution se poursuivra au cas suivant, même s'il ne correspond pas (ce qui n'est généralement pas ce que vous voulez).
- `default` : (Facultatif) Ce bloc est exécuté si aucune des valeurs `case` ne correspond à l'expression.

Exemple :

```
let jourDeLaSemaine = 3;
let nomDuJour;

switch (jourDeLaSemaine) {
  case 1:
    nomDuJour = "Dimanche";
    break;
  case 2:
    nomDuJour = "Lundi";
    break;
  case 3:
    nomDuJour = "Mardi"; // Ce cas correspondra
    break; // Important !
  case 4:
    nomDuJour = "Mercredi";
    break;
  case 5:
```

```
      nomDuJour = "Jeudi";
      break;
   case 6:
      nomDuJour = "Vendredi";
      break;
   case 7:
      nomDuJour = "Samedi";
      break;
   default:
      nomDuJour = "Jour invalide";
 }
 console.log(nomDuJour); // Sortie : Mardi
```

L'instruction `switch` est souvent plus propre et plus lisible qu'une longue chaîne d'instructions `if...else if` lorsque vous comparez une seule valeur à plusieurs possibilités. N'oubliez pas l'instruction `break` - elle empêche les "chutes" involontaires.

Vous pouvez aussi grouper plusieurs cas ensemble:

```
 let fruit = "pomme";
 switch (fruit) {
   case "banane":
   case "orange":
   case "pomme":
      console.log("C'est un fruit"); // Ceci sera exécuté
      break;
   default:
      console.log("Inconnu");
 }
```

# 3.2   Répéter des actions avec des boucles

Les boucles vous permettent d'exécuter un bloc de code de manière répétée, soit un nombre fixe de fois, soit jusqu'à ce qu'une certaine condition soit remplie. Ceci est incroyablement utile pour automatiser les tâches.

## La boucle `for`

La boucle `for` est une boucle polyvalente qui est couramment utilisée lorsque vous savez *à l'avance* combien de fois vous devez répéter quelque chose.

```
 for (initialisation; condition; expressionFinale) {
   // Code à exécuter à chaque itération
 }
```

- initialisation : Il s'agit généralement d'une déclaration et d'une initialisation de variable (par exemple, `let i = 0;`). Elle est exécutée *une fois* au début de la boucle.
- condition : Elle est vérifiée *avant chaque itération*. Si elle est vraie, la boucle continue. Si elle est fausse, la boucle s'arrête.
- expressionFinale : Elle est exécutée *après chaque itération*. Elle est généralement utilisée pour mettre à jour le compteur de la boucle (par exemple, `i++`).

Voici l'exemple classique d'une boucle `for` qui affiche les nombres de 0 à 4 :

```
for (let i = 0; i < 5; i++) {
  console.log(i);
}
// Sortie :
// 0
// 1
// 2
// 3
// 4
```

Décomposons cela :

1. `let i = 0;` : Une variable `i` (souvent appelée compteur de boucle ou itérateur) est déclarée et initialisée à 0.
2. `i < 5;` : Cette condition est vérifiée. Est-ce que `i` est inférieur à 5 ? Initialement, c'est le cas (0 < 5).
3. `console.log(i);` : Le code à l'intérieur de la boucle est exécuté, affichant la valeur actuelle de `i` (qui est 0).
4. `i++;` : `i` est incrémenté de 1 (i devient 1).
5. La condition `i < 5` est vérifiée à nouveau (1 < 5). C'est toujours vrai.
6. La boucle continue, affichant 1, puis 2, puis 3, puis 4.
7. Finalement, `i` devient 5. La condition `i < 5` est maintenant `false` (5 n'est pas inférieur à 5), donc la boucle se termine.

Vous n'êtes pas limité à simplement compter vers le haut par incréments de un. Vous pouvez compter vers le bas, compter par incréments différents, ou même utiliser une logique plus complexe à l'intérieur de la boucle :

```
// Compter vers le bas de 5 à 1 :
for (let i = 5; i > 0; i--) {
  console.log(i);
}
// Sortie :
// 5
// 4
// 3
// 2
```

```
// 1

// Compter par deux de 2 à 10 :
for (let i = 2; i <= 10; i += 2) {
  console.log(i);
}
// Sortie :
// 2
// 4
// 6
// 8
// 10
```

## La boucle `while`

La boucle `while` est utilisée lorsque vous ne savez pas à l'avance combien de fois la boucle doit s'exécuter. Elle continue à se répéter *tant qu'*une condition spécifiée est vraie.

```
while (condition) {
  // Code à exécuter tant que la condition est vraie
}
```

- `condition` : Une expression qui s'évalue à `true` ou `false`.

Exemple :

```
let compteur = 0;

while (compteur < 5) {
  console.log(compteur);
  compteur++;
}
// Sortie :
// 0
// 1
// 2
// 3
// 4
```

Il est important de s'assurer que la condition d'une boucle `while` finisse *éventuellement* par devenir `false`. Sinon, vous créerez une *boucle infinie*, ce qui fera planter votre programme.

```
// BOUCLE INFINIE ! (Ne pas exécuter sans un moyen de l'arrêter !)
// let jeSuisCoince = true;
// while (jeSuisCoince) {
//   console.log("Aidez-moi ! Je suis coincé dans une boucle !");
```

```
// }
```

## La boucle do...while

La boucle do...while est similaire à la boucle while, mais la condition est vérifiée *après* l'exécution du bloc de code. Cela garantit que le bloc de code sera exécuté *au moins une fois*.

```
do {
  // Code à exécuter au moins une fois
} while (condition);
```

Exemple utile :

```
let nombre;

do {
  nombre = prompt("Entrez un nombre supérieur à 10 :"); //la fonction prompt
sera expliquée plus tard
  nombre = Number(nombre); //nous devons convertir la sortie de prompt en un
nombre
} while (nombre <= 10);

console.log("Vous avez entré :", nombre);
```

Dans cet exemple, le code continue à demander à l'utilisateur un nombre *jusqu'à* ce qu'il entre une valeur supérieure à 10. La boucle do...while convient ici parce que nous devons obtenir l'entrée de l'utilisateur au moins une fois avant de pouvoir vérifier la condition.

## Instructions de contrôle de boucle : break et continue

Ces instructions vous donnent un contrôle plus précis sur l'exécution de la boucle :

- break : Quitte immédiatement la *boucle entière* (pas seulement l'itération en cours).

```
for (let i = 0; i < 10; i++) {
  if (i === 5) {
    break; // Quitter la boucle quand i est 5
  }
  console.log(i);
}
// Sortie :
// 0
// 1
// 2
// 3
// 4
```

- continue : Ignore le *reste de l'itération en cours* et passe à l'itération suivante de la boucle.

```
for (let i = 0; i < 5; i++) {
  if (i === 2) {
    continue; // Ignorer le reste de cette itération quand i est 2
  }
  console.log(i);
}
// Sortie :
// 0
// 1
// 3
// 4
```

## Boucles imbriquées

Tout comme avec les instructions if, vous pouvez imbriquer des boucles à l'intérieur d'autres boucles.

```
for (let i = 1; i <= 3; i++) {
  for (let j = 1; j <= 2; j++) {
    console.log(`i: ${i}, j: ${j}`);
  }
}
// Sortie :
// i: 1, j: 1
// i: 1, j: 2
// i: 2, j: 1
// i: 2, j: 2
// i: 3, j: 1
// i: 3, j: 2
```

La boucle interne s'exécute complètement pour *chaque* itération de la boucle externe. Soyez conscient de la façon dont les boucles imbriquées peuvent affecter les performances, en particulier avec de grands ensembles de données. Comme vous pouvez le voir dans cet exemple, la boucle interne s'exécute complètement, et chaque fois que la boucle externe effectue une itération, la boucle interne recommence et exécute toutes ses itérations.

## Choisir la bonne boucle

- for : Idéale lorsque vous connaissez le nombre d'itérations à l'avance (par exemple, compter, parcourir un tableau de longueur connue).
- while : Idéale lorsque vous ne connaissez pas le nombre d'itérations, et que la boucle doit continuer *tant qu'*une condition est vraie.
- do...while : Similaire à while, mais garantit que le corps de la boucle s'exécute au moins une fois.

## 3.3 Gestion des erreurs

Les instructions `try`, `catch`, `finally` et `throw` vous permettent de gérer les erreurs et de les empêcher d'arrêter l'exécution de votre code.

```
try {
  // Code qui pourrait causer une erreur.
} catch (erreur) {
  // Code pour gérer l'erreur.
}
```

- `try`: vous devez écrire le code qui pourrait provoquer une erreur à l'intérieur du bloc `try`.
- `catch`: Si une erreur survient à l'intérieur du bloc `try`, le code à l'intérieur du bloc `catch` sera exécuté, et vous aurez accès à l'objet `erreur` qui contient des détails sur l'erreur.

Voici un exemple :

```
try {
  let resultat = fonctionInexistante(); // Appelle une fonction qui n'est pas
définie.
} catch (erreur) {
  console.log(erreur.name); // Sortie : ReferenceError
  console.log(erreur.message); // Sortie : fonctionInexistante is not defined
}
```

Comme vous pouvez le voir, les instructions `try...catch` empêchent le code de planter, et il gère toute erreur en douceur.

Il y a un autre bloc que vous pouvez utiliser qui s'appelle `finally`, le code à l'intérieur du bloc `finally` sera exécuté qu'il y ait une erreur ou non.

```
try {
  console.log("Début du bloc Try");
  // ...
} catch (erreur) {
  console.log("Gérer l'erreur");
  // ...
} finally {
  console.log("Ce code s'exécute toujours");
}
```

- `finally` : Code de nettoyage qui doit être exécuté qu'une erreur se soit produite ou non.

Maintenant, que se passe-t-il si vous avez besoin de créer des erreurs personnalisées, vous pouvez le faire en utilisant l'instruction `throw`.

```
function div(x, y) {
```

```
    if (y === 0) {
      throw new Error("Impossible de diviser par zéro !");
    }
    return x / y;
}

try {
  let resultat = div(10, 0);
} catch (erreur) {
  console.log(erreur.message); // Sortie : Impossible de diviser par zéro !
}
```

- throw: lance une erreur, elle doit être à l'intérieur du bloc try.

## 3.4    Résumé

Ce chapitre vous a fourni des outils essentiels pour contrôler le flux de vos programmes JavaS-cript : les *instructions conditionnelles* (if, if...else, if...else if...else, switch) et les *boucles* (for, while, do...while). Vous avez également appris à connaître les instructions de contrôle de boucle (break et continue), comment gérer les erreurs en utilisant les instructions try, catch, finally et throw. Avec ces outils, vous pouvez rendre vos programmes dynamiques, réactifs et capables de gérer un large éventail de scénarios. Dans le prochain chapitre, nous explorerons les fonctions - des blocs de code réutilisables qui amélioreront encore votre capacité à écrire des programmes organisés et efficaces.

# 4

# Fonctions

Dans le chapitre précédent, nous avons exploré comment contrôler le flux du programme en utilisant des instructions conditionnelles et des boucles. Maintenant, nous allons introduire un autre concept fondamental : les *fonctions*. Les fonctions sont des blocs de code réutilisables qui effectuent des tâches spécifiques. Elles sont essentielles pour écrire un code organisé, maintenable et efficace. Considérez les fonctions comme des mini-programmes au sein de votre programme principal. Vous les définissez une fois et vous pouvez ensuite les "appeler" ou les "invoquer" chaque fois que vous avez besoin d'effectuer cette tâche spécifique, sans avoir à réécrire le code à chaque fois.

## 4.1    Que sont les fonctions ?

Une fonction est un bloc de code nommé qui effectue une tâche spécifique. Elle peut éventuellement prendre des *entrées* (paramètres ou arguments) et éventuellement produire une *sortie* (une valeur de retour). Les fonctions vous aident à :

- **Organiser votre code** : Décomposer les tâches complexes en morceaux plus petits et plus gérables.
- **Éviter la répétition** : Écrire le code une fois, le réutiliser plusieurs fois (principe DRY - Don't Repeat Yourself - Ne vous répétez pas).
- **Améliorer la lisibilité** : Donner des noms significatifs à des blocs de code, ce qui rend vos programmes plus faciles à comprendre.
- **Améliorer la réutilisabilité** : Utiliser la même fonction dans différentes parties de votre programme ou même dans différents programmes.

## 4.2    Définir et appeler des fonctions

Il existe plusieurs façons de définir une fonction en JavaScript:

# Déclarations de fonction

C'est la façon la plus courante de définir une fonction.

```
function nomDeLaFonction(parametre1, parametre2, ...) {
  // Code à exécuter
  // ...
  return valeurDeRetour; // Facultatif
}
```

- `function` : Le mot-clé qui commence une déclaration de fonction.
- `nomDeLaFonction` : Le nom que vous donnez à votre fonction. Suivez les mêmes conventions de nommage que pour les variables (camelCase, descriptif, etc.).
- `parametre1, parametre2, ...` : (Facultatif) Valeurs d'entrée que la fonction accepte. Ce sont des espaces réservés pour les valeurs qui seront passées à la fonction lorsqu'elle sera appelée.
- `{ ... }` : Le corps de la fonction - le bloc de code qui est exécuté lorsque la fonction est appelée.
- `return valeurDeRetour;` : (Facultatif) Spécifie la valeur que la fonction renvoie en sortie. Si une fonction n'a pas d'instruction `return`, elle renvoie implicitement `undefined`.

Voici un exemple simple :

```
function saluer(nom) {
  console.log("Bonjour, " + nom + " !");
}

saluer("Alice"); // Appelle la fonction, en passant "Alice" comme argument
// Sortie : Bonjour, Alice !

saluer("Bob"); // Appelle la fonction à nouveau avec un argument différent
// Sortie : Bonjour, Bob !
```

Explication :

1. Nous définissons une fonction appelée `saluer` qui prend un paramètre, `nom`.
2. À l'intérieur de la fonction, nous utilisons `console.log()` pour afficher un message de salutation qui inclut la valeur du paramètre `nom`.
3. Nous *appelons* la fonction deux fois, d'abord avec l'argument `"Alice"`, puis avec `"Bob"`. Chaque fois, la fonction s'exécute avec l'argument fourni.

# Expressions de fonction

Une fonction peut également être définie comme une partie d'une expression. C'est ce qu'on appelle une expression de fonction.

```
let maFonction = function(parametre1, parametre2, ...) {
  // Code à exécuter
  return valeurDeRetour; // Facultatif
}; // Notez le point-virgule ici !
```

La principale différence est que la fonction est affectée à une variable. La fonction elle-même n'a pas de nom (elle est *anonyme*), mais vous pouvez vous y référer en utilisant le nom de la variable.

Exemple :

```
let additionner = function (x, y) {
  return x + y;
};

let resultat = additionner(5, 3); // Appelle la fonction via la variable
'additionner'
console.log(resultat); // Sortie : 8
```

Les expressions de fonction sont souvent utilisées lorsque vous devez passer une fonction comme argument à une autre fonction (nous verrons des exemples de cela plus tard).

## Fonctions fléchées (une syntaxe plus concise)

Les fonctions fléchées, introduites dans ES6, offrent une syntaxe plus concise pour écrire des expressions de fonction.

```
let maFonction = (parametre1, parametre2, ...) => {
  // Code à exécuter
  return valeurDeRetour; // Facultatif
};
```

- Le mot-clé function est omis.
- S'il n'y a qu'*un seul* paramètre, les parenthèses autour de la liste des paramètres peuvent être omises.
- Si le corps de la fonction est constitué d'une *seule expression*, les accolades {} et le mot-clé return peuvent être omis. La valeur de l'expression est implicitement renvoyée.

Exemples :

```
// Un seul paramètre, une seule expression (retour implicite)
let carre = (x) => x * x;
console.log(carre(5)); // Sortie : 25

// Plusieurs paramètres, une seule expression (retour implicite)
let multiplier = (a, b) => a * b;
console.log(multiplier(4, 6)); // Sortie : 24
```

```
// Plusieurs paramètres, plusieurs instructions (retour explicite)
let diviser = (a, b) => {
  if (b === 0) {
    return "Impossible de diviser par zéro !";
  }
  return a / b;
};
console.log(diviser(16, 2)); // Sortie: 8

// Aucun paramètre, une seule expression (retour implicite)
let direBonjour = () => "Bonjour !";
console.log(direBonjour()); // Sortie : Bonjour !
```

Les fonctions fléchées sont particulièrement utiles pour les fonctions courtes et concises, et elles ont un comportement spécial avec le mot-clé this (que nous aborderons au chapitre 10).

# 4.3    Paramètres et arguments de fonction

- **Paramètres** : Les *espaces réservés* définis dans la déclaration de la fonction (par exemple, nom dans function saluer(nom) { ... }).
- **Arguments** : Les *valeurs réelles* que vous *passez* à la fonction lorsque vous l'appelez (par exemple, "Alice" dans saluer("Alice");).

## Valeurs de paramètre par défaut

Vous pouvez spécifier des *valeurs par défaut* pour les paramètres. Si une fonction est appelée sans fournir de valeur pour un paramètre avec une valeur par défaut, la valeur par défaut est utilisée.

```
function salutation(nom = "Invité") {
  console.log("Bonjour, " + nom + " !");
}

salutation("Alice"); // Sortie : Bonjour, Alice !
salutation(); // Sortie : Bonjour, Invité ! (valeur par défaut utilisée)

function faireDuThe(the = "Noir", sucre = "1 cuillère") {
  console.log(`Type de thé : ${the}, Sucre : ${sucre}`);
}
faireDuThe(); // Sortie : Type de thé : Noir, Sucre : 1 cuillère
faireDuThe("Vert", "Pas de sucre"); // Sortie : Type de thé : Vert, Sucre : Pas
de sucre
```

# Le paramètre rest (...args)

Le paramètre rest permet à une fonction d'accepter un *nombre indéfini d'arguments* sous forme de *tableau*.

```
function somme(...nombres) {
  let total = 0;
  for (let nombre of nombres) {
    total += nombre;
  }
  return total;
}

console.log(somme(1, 2, 3)); // Sortie : 6
console.log(somme(10, 20, 30, 40)); // Sortie : 100
console.log(somme(5)); // Sortie : 5
```

- ...nombres : Le ... avant nombres est la syntaxe du paramètre rest. Il rassemble tous les arguments passés à la fonction dans un tableau nommé nombres.
- nombres[index] vous pouvez accéder à chaque nombre en utilisant la notation entre crochets.
- À l'intérieur de la fonction, vous pouvez alors travailler avec le tableau nombres comme vous le feriez avec n'importe quel autre tableau (par exemple, le parcourir, accéder aux éléments par index). Un paramètre rest doit être le dernier paramètre dans une définition de fonction.

# 4.4     L'instruction return

L'instruction return fait deux choses :

1. Elle *arrête* l'exécution de la fonction. Tout code après l'instruction return à l'intérieur de la fonction n'est pas exécuté.
2. Elle spécifie éventuellement une *valeur* à renvoyer à l'appelant de la fonction.

```
function addition(x, y) {
  return x + y;
  console.log("Ceci ne sera jamais exécuté."); // Code inaccessible
}

let resultat = addition(5, 3);
console.log(resultat); // Sortie : 8
```

Si une fonction n'a pas d'instruction return, ou si elle a une instruction return sans valeur, elle renvoie undefined.

```
function faireQuelqueChose() {
```

```
    // Pas d'instruction return
}

let valeur = faireQuelqueChose();
console.log(valeur); // Sortie : undefined
```

# 4.5 Portée et closures (une brève introduction)

La *portée* fait référence à la visibilité et à l'accessibilité des variables. Elle détermine où les variables peuvent être utilisées dans votre code. Ce sujet est si important que nous le traiterons plus en détail au chapitre 9.

## Portée globale

Les variables déclarées *en dehors* de toute fonction ont une *portée globale*. Elles peuvent être accédées depuis n'importe où dans votre code, y compris à l'intérieur des fonctions.

```
let variableGlobale = "Je suis globale";

function maFonction() {
  console.log(variableGlobale); // Accède à la variable globale
}

maFonction(); // Sortie : Je suis globale
```

Il est généralement préférable de minimiser l'utilisation des variables globales pour éviter les conflits de noms potentiels et rendre votre code plus modulaire.

## Portée locale

Les variables déclarées *à l'intérieur* d'une fonction ont une *portée locale* (ou *portée de fonction*). Elles ne peuvent être accédées que *depuis l'intérieur* de cette fonction.

```
function maFonction() {
  let variableLocale = "Je suis locale";
  console.log(variableLocale); // Accède à la variable locale (fonctionne)
}

maFonction(); // Sortie : Je suis locale
// console.log(variableLocale); // Erreur ! variableLocale n'est pas définie ici
```

## Portée de bloc

let et const ont introduit la portée de bloc, la portée de bloc signifie qu'une variable définie dans un bloc {} ne peut être accédée qu'à l'intérieur de ce bloc, et non à l'extérieur.

```
{
  let x = "Bonjour";
  console.log(x); // Sortie: Bonjour
}
console.log(x); // Erreur!
```

var n'a pas de portée de bloc, c'est pourquoi nous recommandons d'utiliser let et const.

Les *closures* sont un concept plus avancé lié à la portée. Nous les aborderons en détail au chapitre 9, mais voici une brève introduction. Une closure est la capacité d'une fonction à "se souvenir" et à accéder aux variables de sa portée environnante (son environnement lexical) *même après* que la fonction extérieure a fini de s'exécuter.

## 4.6 Fonction Anonyme

Une fonction anonyme est une fonction sans nom :

```
let afficher = function () {
  console.log("Fonction anonyme");
};


afficher();
// Sortie : Fonction anonyme
```

## 4.7 Fonctions de rappel (un aperçu de leur utilisation en JavaScript asynchrone)

Une *fonction de rappel* (callback function) est une fonction qui est passée comme argument à une autre fonction et qui est exécutée *après* que la fonction extérieure est terminée (ou à un moment précis pendant l'exécution de la fonction extérieure). Les callbacks sont un concept fondamental en JavaScript asynchrone, où vous avez souvent besoin d'effectuer des actions après qu'une opération (comme la récupération de données depuis un serveur) est terminée.

```
function faireQuelqueChoseAsynchrone(fonctionDeRappel) {
  // Simuler une opération asynchrone (par exemple, récupérer des données)
  setTimeout(function () {
    console.log("Opération asynchrone terminée !");
    fonctionDeRappel(); // Appeler la fonction de rappel
  }, 1000); // Attendre 1 seconde (1000 millisecondes)
}

function monRappel() {
  console.log("Rappel exécuté !");
}
```

```
faireQuelqueChoseAsynchrone(monRappel);
// (Après 1 seconde)
// Sortie :
// Opération asynchrone terminée !
// Rappel exécuté !
```

Explication :

1. `faireQuelqueChoseAsynchrone` est une fonction qui prend une fonction `fonctionDeRappel` comme argument.
2. Elle utilise `setTimeout` pour simuler une opération asynchrone. `setTimeout` prend deux arguments : une fonction à exécuter et un délai (en millisecondes).
3. Après le délai (1 seconde dans ce cas), la fonction anonyme passée à `setTimeout` est exécutée. Cette fonction affiche un message, puis *appelle* la fonction `fonctionDeRappel` qui a été passée à `faireQuelqueChoseAsynchrone`.
4. Nous définissons une fonction `monRappel` qui affiche simplement un message.
5. Nous appelons `faireQuelqueChoseAsynchrone`, en passant `monRappel` comme argument.

Ceci n'est qu'une brève introduction aux fonctions de rappel. Nous approfondirons leur utilisation dans la programmation asynchrone plus tard.

# 4.8 Expressions de fonction immédiatement invoquées (IIFE)

Une IIFE (Immediately Invoked Function Expression) est une fonction qui est définie et exécutée *immédiatement* après sa création.

```
(function () {
  // Code à l'intérieur de l'IIFE
  let message = "Bonjour depuis l'IIFE !";
  console.log(message);
})(); // Notez les parenthèses à la fin !

// console.log(message); // Erreur - message n'est pas défini ici
```

- La fonction entière (définition) est entourée de parenthèses (...). Ceci est nécessaire pour traiter la fonction comme une *expression*.
- Les () à la toute fin *invoquent immédiatement* (appellent) la fonction.

Les IIFE sont souvent utilisées pour créer une portée privée pour les variables, les empêchant de polluer la portée globale. Toutes les variables déclarées à l'intérieur de l'IIFE ne sont pas accessibles de l'extérieur.

## 4.9 Résumé

Dans ce chapitre, nous avons exploré les fonctions - un élément constitutif fondamental pour écrire du code JavaScript réutilisable, organisé et maintenable. Vous avez appris à déclarer des fonctions (déclarations de fonction, expressions de fonction et fonctions fléchées), à utiliser des paramètres et des arguments, le rôle de l'instruction `return`, et vous avez eu un bref aperçu de la portée et des closures. Nous avons également présenté les fonctions de rappel, qui deviendront de plus en plus importantes à mesure que nous plongerons dans la programmation asynchrone, et les IIFE. Dans les prochains chapitres, nous allons nous plonger dans le travail avec les chaînes de caractères, les nombres, les objets et les tableaux, afin que vous puissiez manipuler différents types de données en JavaScript.

# 5

# Travailler avec les chaînes de caractères

Au chapitre 2, nous avons présenté les chaînes de caractères comme l'un des types de données fondamentaux de JavaScript. Les chaînes de caractères sont utilisées pour représenter du texte, et elles sont essentielles pour tout, de l'affichage de messages aux utilisateurs à la manipulation de données textuelles. Ce chapitre approfondira le travail avec les chaînes de caractères en JavaScript. Nous couvrirons diverses techniques pour créer, accéder, modifier et manipuler des chaînes de caractères.

## 5.1    Bases des chaînes de caractères

### Création de chaînes de caractères

Comme nous l'avons vu au chapitre 2, les chaînes de caractères peuvent être créées en utilisant des guillemets simples ('...'), des guillemets doubles ("...") ou des backticks (`...` ).

```
let guillemetsSimples = 'Ceci est une chaîne avec des guillemets simples.';
let guillemetsDoubles = "Ceci est une chaîne avec des guillemets doubles.";
let chaineBacktick = `Ceci est une chaîne avec des backticks.`;

console.log(guillemetsSimples); // Sortie : Ceci est une chaîne avec des
guillemets simples.
console.log(guillemetsDoubles); // Sortie : Ceci est une chaîne avec des
guillemets doubles.
console.log(chaineBacktick); // Sortie : Ceci est une chaîne avec des backticks.
```

Le choix entre les guillemets simples et doubles est largement une question de style, mais les backticks (littéraux de gabarit) offrent des fonctionnalités supplémentaires que nous explorerons plus tard. Vous pouvez utiliser des guillemets à l'intérieur d'une chaîne, à condition qu'ils ne correspondent pas aux guillemets qui l'entourent, et vous pouvez également utiliser un caractère d'échappement \ si vous voulez utiliser les mêmes guillemets.

```
let str1 = "C'est une chaîne";
let str2 = 'Il a dit "Bonjour"';
let str3 = "C'est une chaîne";
```

## Longueur d'une chaîne de caractères

La propriété length d'une chaîne de caractères renvoie le nombre de caractères dans la chaîne.

```
let message = "Bonjour, monde !";
console.log(message.length); // Sortie : 15
```

## Accéder aux caractères par index

Vous pouvez accéder aux caractères individuels d'une chaîne de caractères en utilisant la notation entre crochets avec leur index (position). L'indexation des chaînes de caractères est *basée sur zéro*, ce qui signifie que le premier caractère est à l'index 0, le second à l'index 1, et ainsi de suite.

```
let salutation = "Bonjour";
console.log(salutation[0]); // Sortie : B
console.log(salutation[1]); // Sortie : o
console.log(salutation[4]); // Sortie : o
console.log(salutation[7]); // Sortie : undefined (il n'y a pas de caractère à
l'index 7)
```

## Immuabilité des chaînes de caractères

En JavaScript, les chaînes de caractères sont *immuables*. Cela signifie que vous *ne pouvez pas* modifier les caractères individuels d'une chaîne de caractères directement. Toute opération qui semble modifier une chaîne de caractères crée en fait une *nouvelle* chaîne.

```
let maChaine = "abc";
maChaine[0] = "A"; // Ceci ne change PAS la chaîne
console.log(maChaine); // Sortie : abc (toujours la chaîne d'origine)

maChaine = "ABC"; // Ceci crée une *nouvelle* chaîne et l'affecte à maChaine
console.log(maChaine); // Sortie : ABC
```

## 5.2    Méthodes de chaîne de caractères

JavaScript fournit un riche ensemble de méthodes intégrées pour travailler avec les chaînes de caractères. Ces méthodes *ne modifient pas la chaîne d'origine* ; elles renvoient toujours une *nouvelle* chaîne. Voici quelques-unes des méthodes de chaîne de caractères les plus couramment utilisées :

## charAt()

Renvoie le caractère à un index spécifié (similaire à la notation entre crochets).

```
let str = "JavaScript";
console.log(str.charAt(0)); // Sortie : J
console.log(str.charAt(4)); // Sortie : S
```

## concat()

Combine deux ou plusieurs chaînes de caractères et renvoie une nouvelle chaîne. L'opérateur + est généralement préféré pour la concaténation.

```
let str1 = "Bonjour";
let str2 = "Monde";
let nouvelleChaine = str1.concat(", ", str2, " !");
console.log(nouvelleChaine); // Sortie : Bonjour, Monde !
```

## indexOf() et lastIndexOf()

- indexOf(valeurRecherchee, indexDepart) : Renvoie l'index de la *première* occurrence d'une sous-chaîne spécifiée dans une chaîne. Renvoie -1 si la sous-chaîne n'est pas trouvée. Le paramètre facultatif indexDepart spécifie l'index à partir duquel commencer la recherche.
- lastIndexOf(valeurRecherchee, indexDepart) : Renvoie l'index de la *dernière* occurrence d'une sous-chaîne spécifiée. Le paramètre facultatif indexDepart spécifie l'index à partir duquel commencer la recherche, en recherchant vers l'arrière.

```
let texte = "Ceci est un test, un simple test.";
console.log(texte.indexOf("test")); // Sortie : 10
console.log(texte.indexOf("test", 15)); // Sortie : 27 (commence la recherche à
partir de l'index 15)
console.log(texte.lastIndexOf("test")); // Sortie : 27
console.log(texte.indexOf("introuvable")); // Sortie : -1
console.log(texte.lastIndexOf("a", 12));    //Sortie: 10
```

# includes(), startsWith(), et endsWith()

Ces méthodes (introduites dans ES6) vérifient si une chaîne de caractères contient, commence par ou se termine par une sous-chaîne spécifiée, respectivement. Elles renvoient true ou false.

```
let phrase = "Le renard brun rapide saute par-dessus le chien paresseux.";

console.log(phrase.includes("brun")); // Sortie : true
console.log(phrase.startsWith("Le")); // Sortie : true
console.log(phrase.endsWith("paresseux.")); // Sortie : true
console.log(phrase.startsWith("rapide")); // Sortie : false
```

# slice(), substring(), et substr()

Ces méthodes extraient une partie d'une chaîne de caractères et la renvoient sous forme de nouvelle chaîne.

- slice(indexDebut, indexFin) : Extrait une section de indexDebut (inclusif) jusqu'à, *mais sans inclure*, indexFin. Si indexFin est omis, il extrait jusqu'à la fin de la chaîne. Les index négatifs comptent à partir de la fin de la chaîne.
- substring(indexDebut, indexFin) : Similaire à slice(), mais il ne prend pas en charge les index négatifs. Si indexDebut est supérieur à indexFin, les arguments sont échangés.
- substr(indexDebut, longueur): Extrait une section d'une chaîne avec une longueur spécifiée en commençant à l'index spécifié.

```
let longueChaine = "Ceci est une longue chaîne.";

console.log(longueChaine.slice(5, 7)); // Sortie : es
console.log(longueChaine.slice(8)); // Sortie : une longue chaîne.
console.log(longueChaine.slice(-7, -1)); // Sortie : chaîne
console.log(longueChaine.substring(5, 8)); // Sortie : est
console.log(longueChaine.substring(8, 5)); // Sortie : est  (arguments échangés)
console.log(longueChaine.substr(0, 4));    // Sortie: Ceci
console.log(longueChaine.substr(5, 2)); // Sortie : es
console.log(longueChaine.substr(8)); // Sortie : une longue chaîne.
```

# replace() et replaceAll()

- replace(valeurRecherchee, nouvelleValeur) : Remplace la *première* occurrence d'une sous-chaîne (ou d'une expression régulière) par une nouvelle valeur.
- replaceAll(valeurRecherchee, nouvelleValeur): Remplace *toutes* les occurrences de la sous-chaîne.

```
let original = "Ceci est un test. Ceci est un autre test.";
```

```
let remplace = original.replace("est", "EST");
console.log(remplace); // Sortie : Ceci EST un test. Ceci est un autre test.

let toutRemplace = original.replaceAll("est", "EST");
console.log(toutRemplace); // Sortie: Ceci EST un tEST. Ceci EST un autre tEST.
```

## toUpperCase() et toLowerCase()

Convertissent une chaîne en majuscules ou en minuscules.

```
let casseMixte = "BoNjOuR, mOnDe !";
console.log(casseMixte.toUpperCase()); // Sortie : BONJOUR, MONDE !
console.log(casseMixte.toLowerCase()); // Sortie : bonjour, monde !
```

## trim(), trimStart(), et trimEnd()

- trim() : Supprime les espaces blancs (espaces, tabulations, sauts de ligne) des *deux extrémités* d'une chaîne.
- trimStart() : Supprime les espaces blancs du *début* d'une chaîne.
- trimEnd() : Supprime les espaces blancs de la *fin* d'une chaîne.

```
let chaineAvecEspaces = "   Bonjour, ici !   ";
console.log(chaineAvecEspaces.trim()); // Sortie : Bonjour, ici !
console.log(chaineAvecEspaces.trimStart()); //Sortie: Bonjour, ici !
console.log(chaineAvecEspaces.trimEnd()); // Sortie:    Bonjour, ici !
```

## split()

La méthode split() est utilisée pour diviser une chaîne de caractères en un tableau de sous-chaînes, en fonction d'un séparateur spécifié.

```
let str = "Pomme, Banane, Orange";
let arr = str.split(", "); // Divise par une virgule et un espace
console.log(arr); // Sortie : ['Pomme', 'Banane', 'Orange']
```

- separator: Le caractère ou la chaîne de caractères utilisés pour diviser la chaîne. S'il s'agit d'une chaîne vide, la chaîne sera divisée entre les caractères. S'il est omis, un tableau avec la chaîne d'origine sera retourné.

## search()

La méthode search() recherche une correspondance entre une expression régulière et la chaîne, et renvoie l'index de la correspondance. Nous discuterons des expressions régulières en détail dans le chapitre 19.

```
let text = "Visitez W3Schools !";
let position = text.search(/W3Schools/); // Sortie : 8
```

## match()

La méthode `match()` recherche une correspondance entre une expression régulière et la chaîne et renvoie le tableau des correspondances.

```
let text = "La pluie en ESPAGNE reste principalement dans la plaine";
text.match(/ain/g); // Renvoie un tableau [ain,ain,ain]
```

## 5.3    Littéraux de gabarit

Les littéraux de gabarit (utilisant les backticks `` `...` ``) offrent un moyen plus puissant et plus pratique de créer des chaînes de caractères :

- **Interpolation de chaînes** : Vous pouvez intégrer des expressions directement dans la chaîne en utilisant ${...}. L'expression est évaluée et son résultat est inséré dans la chaîne.

```
let nom = "Alice";
let age = 30;

let salutation = `Bonjour, je m'appelle ${nom} et j'ai ${age} ans.`;
console.log(salutation); // Sortie : Bonjour, je m'appelle Alice et j'ai 30 ans.
```

- **Chaînes multilignes** : Les littéraux de gabarit peuvent s'étendre sur plusieurs lignes sans avoir besoin de caractères d'échappement spéciaux.

```
let multiligne = `Ceci est une chaîne
qui s'étend sur plusieurs
lignes.`;
console.log(multiligne);
// Sortie :
// Ceci est une chaîne
// qui s'étend sur plusieurs
// lignes.
```

Les littéraux de gabarit rendent la création de chaînes beaucoup plus propre et plus lisible, en particulier lorsqu'il s'agit de valeurs dynamiques ou de texte multiligne.

## 5.4    Séquences d'échappement

Les séquences d'échappement vous permettent de représenter des caractères spéciaux dans les chaînes de caractères (comme les guillemets, les sauts de ligne, les tabulations, etc.). Elles commencent par une barre oblique inverse (\).

| Séquence d'échappement | Description |
| --- | --- |
| \' | Guillemet simple |
| \" | Guillemet double |
| \\ | Barre oblique inverse |
| \n | Nouvelle ligne |
| \r | Retour chariot |
| \t | Tabulation |
| \b | Retour arrière |
| \f | Saut de page |
| \v | Tabulation verticale |

```
console.log("Ceci est une chaîne avec un saut de ligne\n.");
// Sortie :
// Ceci est une chaîne avec un saut de ligne
// .

console.log('Elle a dit, "Bonjour !"'); // Sortie : Elle a dit, "Bonjour !"
console.log("C'est une belle journée."); // Sortie : C'est une belle journée.
console.log("Ceci est une barre oblique inverse : \\"); // Sortie : Ceci est une
barre oblique inverse : \
```

## 5.5    Notation d'échappement

Les nombres peuvent également être définis en hexadécimal (base 16), octal (base 8) ou binaire (base 2).

```
let hex = 0xff; // 255
let oct = 0o377; //255
let bin = 0b11111111; //255
```

## 5.6    Résumé

Ce chapitre a fourni un aperçu complet du travail avec les chaînes de caractères en JavaScript. Vous avez appris à créer des chaînes de caractères, à accéder à leurs caractères, à utiliser une vaste collection de méthodes de chaînes puissantes et à créer des chaînes dynamiques et multi-lignes à l'aide de littéraux de gabarit. Vous avez également exploré les caractères et la notation d'échappement. La maîtrise des chaînes de caractères est fondamentale pour de nombreuses tâches JavaScript, et les connaissances que vous avez acquises ici vous seront très utiles. Dans le prochain chapitre, nous plongerons dans le travail avec les nombres et l'objet `Math`.

*6*

# Travailler avec les nombres

Au chapitre 2, nous avons introduit les nombres comme l'un des types de données primitifs de JavaScript. Les nombres sont utilisés pour représenter des valeurs numériques, et ils sont essentiels pour effectuer des calculs, suivre des quantités, et bien plus encore. Dans ce chapitre, nous allons approfondir le travail avec les nombres, en explorant différents types numériques. De plus, nous aborderons l'objet `Math` intégré, qui fournit une gamme de fonctions mathématiques.

## 6.1    Bases des nombres

### Entiers et nombres à virgule flottante

JavaScript possède un seul type `Number` qui représente à la fois les *entiers* (nombres entiers) et les *nombres à virgule flottante* (nombres avec des décimales). Contrairement à certains autres langages, il n'y a pas de types séparés pour `int`, `float`, `double`, etc.

```
let entier = 10; // Un entier
let decimal = 3.14; // Un nombre à virgule flottante
let negatif = -5; // Un entier négatif
let grandNombre = 1234567890;

console.log(entier); // Sortie : 10
console.log(decimal); // Sortie : 3.14
console.log(negatif); // Sortie : -5
```

## Séparateurs numériques

Les séparateurs numériques vous permettent d'ajouter des traits de soulignement dans les nombres, et cela pour ajouter de la lisibilité, en particulier lors de la manipulation de grands nombres.

```
let grandNombre = 1_000_000_000; // Équivalent à 1000000000
console.log(grandNombre); // Sortie : 1000000000
let montant = 123_456.789_12; //123456.78912
console.log(montant);  // Sortie : 123456.78912
```

## Limites de la précision des nombres

JavaScript utilise une représentation en virgule flottante de 64 bits pour les nombres (suivant la norme IEEE 754). Cela signifie qu'il existe des limites à la précision avec laquelle les nombres peuvent être représentés. Les nombres très grands ou très petits peuvent parfois entraîner des erreurs d'arrondi.

```
console.log(0.1 + 0.2); // Sortie : 0.30000000000000004 (pas exactement 0.3)
```

Ce n'est pas un bogue dans JavaScript ; c'est une conséquence de la façon dont les nombres à virgule flottante sont stockés en binaire. Pour la plupart des calculs courants, ce n'est pas un problème, mais il est important d'en être conscient, en particulier lorsqu'il s'agit de calculs financiers ou d'autres situations où une représentation décimale précise est essentielle. Pour les entiers de précision arbitraire, vous pouvez utiliser le type `BigInt` (mentionné au chapitre 2).

# 6.2    Méthodes numériques

JavaScript fournit plusieurs méthodes intégrées pour travailler avec les nombres. Ces méthodes sont accessibles via l'objet `Number` (lorsque vous travaillez avec des nombres primitifs, JavaScript les convertit automatiquement en objets `Number` temporaires pour permettre les appels de méthode).

## toString()

Convertit un nombre en chaîne de caractères. Vous pouvez éventuellement spécifier une *base* (radix) pour la conversion (par exemple, 2 pour binaire, 16 pour hexadécimal).

```
let num = 42;
let str = num.toString();
console.log(str); // Sortie : "42" (chaîne de caractères)
console.log(typeof str); // Sortie : string

let binaire = num.toString(2);
```

```
console.log(binaire); // Sortie : "101010" (représentation binaire)

let hexa = num.toString(16);
console.log(hexa); // Sortie : "2a" (représentation hexadécimale)
```

# toFixed(), toPrecision(), et toExponential()

Ces méthodes formatent un nombre sous forme de chaîne de caractères, en contrôlant le nombre de décimales ou de chiffres significatifs :

- toFixed(chiffres) : Formate un nombre avec un nombre fixe de décimales.
- toPrecision(precision) : Formate un nombre avec un nombre total spécifié de chiffres significatifs.
- toExponential(chiffresApresVirgule) : Convertit un nombre en notation exponentielle (notation scientifique) avec un nombre spécifié de chiffres après la virgule.

```
let pi = 3.1415926535;

console.log(pi.toFixed(2)); // Sortie : "3.14" (2 décimales)
console.log(pi.toFixed(5)); // Sortie : "3.14159" (5 décimales)

console.log(pi.toPrecision(3)); // Sortie : "3.14" (3 chiffres significatifs)
console.log(pi.toPrecision(6)); // Sortie : "3.14159" (6 chiffres significatifs)

console.log((12345).toExponential(2)); // Sortie : "1.23e+4" (exponentielle avec
2 chiffres après la virgule)
console.log((0.0005).toExponential(1)); // Sortie : "5.0e-4"
```

# parseInt() et parseFloat()

Ces fonctions convertissent une chaîne de caractères respectivement en un entier ou un nombre à virgule flottante, et s'arrêtent lorsqu'elles trouvent un caractère qui n'est pas un nombre, et renvoient la sortie jusqu'à ce point, ou renvoient NaN si le premier caractère n'est pas un nombre.

```
let numText = "123";
let num = parseInt(numText);
console.log(num);        // Sortie : 123 (nombre)
console.log(typeof num); // Sortie : number

let textNum = "3.14 est la valeur de PI";
let pi = parseFloat(textNum);
console.log(pi);         // Sortie: 3.14
console.log(10 + pi);    // Sortie : 13.14

let str = "Bonjour";
```

```
let n = parseInt(str);
console.log(n); // Sortie : NaN
```

# 6.3   L'objet `Math`

L'objet `Math` est un objet intégré qui fournit une collection de constantes et de fonctions mathématiques. Contrairement à d'autres objets globaux, `Math` n'est pas un constructeur ; vous n'en créez pas d'instances. Vous accédez à ses propriétés et méthodes directement en utilisant `Math.` (par exemple, `Math.PI`, `Math.sqrt()`).

## `Math.round()`, `Math.floor()`, `Math.ceil()`

Ces méthodes arrondissent les nombres :

- `Math.round(x)` : Arrondit x à l'entier le plus proche.
- `Math.floor(x)` : Arrondit x *vers le bas* à l'entier le plus proche (le plus grand entier inférieur ou égal à x).
- `Math.ceil(x)` : Arrondit x *vers le haut* à l'entier le plus proche (le plus petit entier supérieur ou égal à x).

```
console.log(Math.round(4.7)); // Sortie : 5
console.log(Math.round(4.2)); // Sortie : 4
console.log(Math.round(4.5)); // Sortie : 5
console.log(Math.floor(4.7)); // Sortie : 4
console.log(Math.floor(4.2)); // Sortie : 4
console.log(Math.ceil(4.2));  // Sortie : 5
console.log(Math.ceil(4.7));  // Sortie : 5
```

## `Math.trunc()`

Retourne la partie entière de x, sans aucun arrondi.

```
console.log(Math.trunc(4.7)); // Sortie : 4
console.log(Math.trunc(4.2)); // Sortie : 4
console.log(Math.trunc(-5.8)); // Sortie: -5
```

## `Math.random()`

`Math.random()` renvoie un nombre pseudo-aléatoire à virgule flottante compris entre 0 (inclus) et 1 (exclusif). Ceci est extrêmement utile pour générer des nombres aléatoires pour les jeux, les simulations et d'autres applications.

```
let valeurAleatoire = Math.random();
```

```
console.log(valeurAleatoire); // Sortie : Un nombre aléatoire entre 0 et 1 (par
exemple, 0.549213856...)
```

Pour générer un entier aléatoire dans une plage spécifique, vous pouvez utiliser une combinaison de `Math.random()`, `Math.floor()` et de l'arithmétique :

```
// Génère un entier aléatoire entre min (inclusif) et max (inclusif) :
function obtenirEntierAleatoire(min, max) {
  min = Math.ceil(min); // S'assurer que 'min' est un entier
  max = Math.floor(max); // S'assurer que 'max' est un entier
  return Math.floor(Math.random() * (max - min + 1)) + min;
}

console.log(obtenirEntierAleatoire(1, 10)); // Un entier aléatoire entre 1 et 10
console.log(obtenirEntierAleatoire(50, 100)); // Un entier aléatoire entre 50 et
100
```

## Math.max(), Math.min()

- `Math.max(x1, x2, ..., xn)` : Renvoie le plus grand des nombres donnés.
- `Math.min(x1, x2, ..., xn)` : Renvoie le plus petit des nombres donnés.

```
console.log(Math.max(1, 5, 2, 9, 3)); // Sortie : 9
console.log(Math.min(1, 5, 2, 9, 3)); // Sortie : 1
console.log(Math.max(-10, -20)); // Sortie : -10
```

## Math.abs()

Retourne la valeur absolue d'un nombre.

```
console.log(Math.abs(5)); // Sortie : 5
console.log(Math.abs(-5)); // Sortie : 5
```

## Math.pow(), Math.sqrt()

- `Math.pow(base, exposant)` : Renvoie base élevé à la puissance exposant.
- `Math.sqrt(x)` : Renvoie la racine carrée de x.

```
console.log(Math.pow(2, 3)); // Sortie : 8 (2 au cube)
console.log(Math.sqrt(9)); // Sortie : 3
console.log(Math.sqrt(2)); // Sortie : 1.4142135623730951
```

# Math.sin(), Math.cos(), Math.tan(), et autres fonctions trigonométriques

L'objet Math fournit également des fonctions trigonométriques (sinus, cosinus, tangente, etc.). Ces fonctions travaillent avec des angles en *radians*.

```
console.log(Math.sin(0)); // Sortie : 0
console.log(Math.cos(0)); // Sortie : 1
console.log(Math.tan(Math.PI / 4)); // Sortie : 0.9999999999999999
(approximativement 1)

// Convertir des degrés en radians :
function degresEnRadians(degres) {
  return degres * (Math.PI / 180);
}

let angleEnDegres = 45;
let angleEnRadians = degresEnRadians(angleEnDegres);
console.log(Math.sin(angleEnRadians)); // Sortie : 0.7071067811865475
```

## 6.4     Travailler avec NaN et Infinity

Rappelez-vous du chapitre 2 que NaN (Not a Number) est une valeur numérique spéciale qui résulte d'opérations numériques non valides, et Infinity représente l'infini positif.

- isNaN(valeur) : Une fonction globale (pas une méthode des objets Number ou Math) qui vérifie si une valeur est NaN. Il est important d'utiliser isNaN() car NaN est la seule valeur en JavaScript qui n'est pas égale à elle-même (NaN === NaN est false).

```
console.log(isNaN(NaN)); // Sortie : true
console.log(isNaN(10)); // Sortie : false
console.log(isNaN("bonjour")); // Sortie : true (la chaîne "bonjour" ne peut pas
être convertie en un nombre valide)
console.log(NaN === NaN); // Sortie : false
```

- Vous ne pouvez pas utiliser typeof pour vérifier si la valeur est NaN, car il renverra "number".
- isFinite(valeur) Détermine si la valeur est un nombre fini ou non.

```
console.log(isFinite(10)); // Sortie : true
console.log(isFinite(Infinity)); // Sortie : false
console.log(isFinite(-Infinity)); // Sortie : false
```

## 6.5    Conversions de nombres

Comme nous l'avons vu au chapitre 2, JavaScript effectue souvent une coercition de type automatique entre les nombres et les chaînes de caractères. Cependant, il est conseillé d'être explicite sur les conversions pour éviter les comportements inattendus.

- `Number(valeur)` : Convertit une valeur en nombre. Si la conversion n'est pas possible, il renvoie NaN.
- `parseInt(chaine, base)` : Analyse une chaîne de caractères et renvoie un entier. L'argument base spécifie la base (2 pour binaire, 10 pour décimal, 16 pour hexadécimal, etc.).
- `parseFloat(chaine)` : Analyse une chaîne de caractères et renvoie un nombre à virgule flottante.

```
let str = "123.45";
let num1 = Number(str);
console.log(num1); // Sortie : 123.45
console.log(typeof num1); // Sortie : number

let num2 = parseInt(str);
console.log(num2); // Sortie : 123 (partie entière)
console.log(typeof num2);

let num3 = parseFloat(str);
console.log(num3); // Sortie : 123.45
console.log(typeof num3);

let hexStr = "FF";
let decimal = parseInt(hexStr, 16); // Analyser en tant qu'hexadécimal
console.log(decimal); // Sortie : 255
```

Être explicite sur les conversions de nombres est crucial pour écrire un code clair et prévisible.

## 6.6    Résumé

Dans ce chapitre, nous avons passé en revue les aspects importants du travail avec les nombres en JavaScript. Nous avons couvert les entiers, les nombres à virgule flottante, les séparateurs numériques, et discuté des limites de précision, et passé en revue diverses méthodes `Number` pour formater et convertir les nombres. Nous avons appris à utiliser l'objet `Math` pour les opérations mathématiques. De plus, nous avons abordé l'utilisation de NaN et Infinity. Vous en savez maintenant beaucoup plus sur l'utilisation correcte des nombres. Dans le prochain chapitre, nous allons présenter les *objets*, l'une des structures de données les plus importantes et les plus polyvalentes en JavaScript. Les objets vous permettent de regrouper des données et des fonctionnalités connexes, formant ainsi la base de la programmation orientée objet.

# 7

# Objets

Dans les chapitres précédents, nous avons exploré les types de données primitifs comme les nombres, les chaînes de caractères et les booléens. Maintenant, nous allons introduire les *objets*, qui sont des structures de données plus complexes qui vous permettent de regrouper des données et des fonctionnalités connexes. Les objets sont fondamentaux en JavaScript et sont largement utilisés dans le développement web moderne. Ils constituent la base de la programmation orientée objet (POO) en JavaScript. Considérez un objet comme une collection de propriétés nommées, où chaque propriété peut contenir une valeur (qui peut être de n'importe quel type de données, y compris d'autres objets ou des fonctions).

## 7.1 Que sont les objets ?

Un objet est une collection de *paires clé-valeur*, également appelées *propriétés*.

- **Clé (Nom de la propriété)** : Une chaîne de caractères (ou un symbole, que nous aborderons plus tard) qui identifie de manière unique une propriété au sein de l'objet.
- **Valeur** : Les données associées à la clé. Cela peut être n'importe quelle valeur JavaScript valide, y compris les types primitifs (nombres, chaînes de caractères, booléens, null, undefined), d'autres objets ou des fonctions.

Vous pouvez visualiser un objet comme un conteneur avec des compartiments étiquetés. Chaque compartiment a un nom (la clé) et contient quelque chose à l'intérieur (la valeur).

## 7.2 Création d'objets

Il existe plusieurs façons de créer des objets en JavaScript :

## Littéraux d'objet

C'est la façon la plus courante et la plus concise de créer des objets. Vous définissez les propriétés de l'objet directement entre accolades {}.

```
let personne = {
  prenom: "Jean",
  nom: "Dupont",
  age: 30,
  estEtudiant: false,
  adresse: { // Objet imbriqué
    rue: "123 Rue Principale",
    ville: "Paris",
    codePostal: "75001",
  },
  saluer: function() { // Méthode (une fonction comme propriété)
    console.log("Bonjour, je m'appelle " + this.prenom);
  }
};
```

- Chaque paire clé-valeur est séparée par deux-points (:).
- Les paires clé-valeur sont séparées les unes des autres par des virgules (,).
- Notez comment nous pouvons imbriquer des objets (la propriété adresse est elle-même un objet).
- Nous pouvons également inclure des fonctions comme valeurs de propriété (la propriété saluer). Ce sont ce qu'on appelle des *méthodes*.

## Le mot-clé new et les fonctions constructeur (une introduction)

Les objets peuvent également être créés en utilisant le mot-clé new avec une *fonction constructeur*. Les fonctions constructeur sont des fonctions spéciales conçues pour créer et initialiser des objets. Nous en parlerons en détail dans les chapitres suivants, mais voici une brève introduction.

```
function Personne(prenom, nom, age) {
  this.prenom = prenom;
  this.nom = nom;
  this.age = age;

  this.saluer = function() {
    console.log("Bonjour, je m'appelle " + this.prenom);
  };
}

let personne1 = new Personne("Alice", "Martin", 25);
let personne2 = new Personne("Bob", "Durand", 40);
```

```
console.log(personne1.prenom); // Sortie : Alice
console.log(personne2.age); // Sortie : 40
personne1.saluer(); // Sortie : Bonjour, je m'appelle Alice
```

- Nous définissons une fonction constructeur `Personne`. Les noms de fonctions constructeur commencent conventionnellement par une majuscule.
- À l'intérieur du constructeur, `this` fait référence à l'objet nouvellement créé.
- Nous utilisons `this.nomDeLaPropriete = valeur` pour affecter des propriétés à l'objet.
- Nous utilisons `new Personne(...)` pour créer de nouvelles instances de l'objet `Personne`.

## Utilisation de `Object.create()`

La méthode `Object.create()` crée un nouvel objet avec l'objet prototype et les propriétés spécifiés. Nous explorerons la chaîne de prototypes dans un chapitre ultérieur.

```
const personneProto = {
  saluer: function() {
    console.log("Bonjour, je m'appelle " + this.prenom);
  }
};

const personne1 = Object.create(personneProto);
personne1.prenom = "Alice";
personne1.nom = "Smith";
personne1.saluer(); // Sortie : Bonjour, je m'appelle Alice
```

- Créer un objet `personneProto` qui a la méthode `saluer`.
- Créer l'objet `personne1`, en utilisant la méthode `Object.create()`, qui crée un objet qui hérite des propriétés et des méthodes de l'objet `personneProto`.

# 7.3    Accéder et modifier les propriétés d'un objet

## Notation par points

Vous pouvez accéder aux propriétés d'un objet en utilisant la *notation par points* : `nomDeLObjet.nomDeLaPropriete`.

```
let personne = {
  prenom: "Jean",
  nom: "Dupont",
  age: 30
};

console.log(personne.prenom); // Sortie : Jean
console.log(personne.age); // Sortie : 30
```

```
personne.age = 31; // Modifier la propriété 'age'
console.log(personne.age); // Sortie : 31
```

## Notation par crochets

Vous pouvez également utiliser la *notation par crochets* : `nomDeLObjet["nomDeLaPropriete"]`. Ceci est particulièrement utile lorsque le nom de la propriété est stocké dans une variable ou contient des caractères spéciaux.

```
let personne = {
  "prenom-avec-tiret": "Jean", // Nom de propriété avec un tiret
  nom: "Dupont",
};

let nomDeLaPropriete = "prenom";

// console.log(personne.prenom-avec-tiret); // Erreur !  Impossible d'utiliser
la notation par points avec des tirets
console.log(personne["prenom-avec-tiret"]); // Sortie : Jean (la notation par
crochets fonctionne)
// console.log(personne.nomDeLaPropriete)      // undefined
console.log(personne[nomDeLaPropriete]);    // Sortie : undefined (parce que
nomDeLaPropriete est "prenom", pas une propriété dans l'objet)

nomDeLaPropriete = "nom";
console.log(personne[nomDeLaPropriete]); // Sortie : Dupont.
```

Les crochets sont nécessaires lorsque le nom de la propriété n'est pas un identifiant valide (par exemple, il contient des espaces, des tirets ou commence par un chiffre) ou lorsque le nom de la propriété est déterminé dynamiquement (stocké dans une variable).

## Ajouter et supprimer des propriétés

Vous pouvez ajouter de nouvelles propriétés à un objet simplement en leur affectant une valeur.

```
let voiture = {
  marque: "Toyota",
  modele: "Camry"
};

voiture.annee = 2023; // Ajouter une nouvelle propriété 'annee'
console.log(voiture);
// Sortie : { marque: 'Toyota', modele: 'Camry', annee: 2023 }

voiture["couleur"] = "Bleue"; // Ajouter en utilisant la notation par crochets
```

```
console.log(voiture); // Sortie : { marque: 'Toyota', modele: 'Camry', annee:
2023, couleur: 'Bleue' }
```

Vous pouvez supprimer des propriétés en utilisant l'opérateur delete.

```
delete voiture.annee; // Supprimer la propriété 'annee'
console.log(voiture); // Sortie : { marque: 'Toyota', modele: 'Camry', couleur:
'Bleue' }
```

## 7.4    Méthodes d'objet

Lorsqu'une fonction est une propriété d'un objet, elle est appelée une *méthode*. Les méthodes définissent les actions qu'un objet peut effectuer.

```
let personne = {
  prenom: "Jean",
  nom: "Dupont",
  saluer: function() {
    console.log("Bonjour, je m'appelle " + this.prenom + " " + this.nom + ".");
  }
};

personne.saluer(); // Appeler la méthode 'saluer'
// Sortie : Bonjour, je m'appelle Jean Dupont.
```

### Le mot-clé this (contexte au sein d'un objet)

À l'intérieur d'une méthode, le mot-clé this fait référence à l'*objet* sur lequel la méthode est appelée. Il permet à la méthode d'accéder aux propriétés de l'objet et de les manipuler.

```
let calculateur = {
  valeur: 0,
  ajouter: function(x) {
    this.valeur += x; // Accéder à la propriété 'valeur' en utilisant 'this'
  },
  soustraire: function(x) {
    this.valeur -= x;
  },
  afficherValeur: function() {
    console.log("Valeur actuelle : " + this.valeur);
  }
};

calculateur.ajouter(5);
calculateur.afficherValeur(); // Sortie : Valeur actuelle : 5
```

```
calculateur.soustraire(2);
calculateur.afficherValeur(); // Sortie : Valeur actuelle : 3
```

Dans cet exemple, `this` à l'intérieur des méthodes `ajouter`, `soustraire` et `afficherValeur` fait référence à l'objet `calculateur` lui-même. Cela permet aux méthodes de modifier et d'accéder à la propriété `valeur` du `calculateur`. La valeur de `this` est déterminée par *la façon dont la fonction est appelée*, ce que nous aborderons dans un chapitre ultérieur.

## 7.5    Itérer sur les propriétés d'un objet

La boucle `for...in` vous permet d'itérer sur les *clés* (noms de propriétés) d'un objet.

```
let personne = {
  prenom: "Jean",
  nom: "Dupont",
  age: 30
};

for (let cle in personne) {
  console.log(cle + " : " + personne[cle]);
}
// Sortie :
// prenom : Jean
// nom : Dupont
// age : 30
```

- La boucle itère sur chaque propriété *énumérable* de l'objet (nous discuterons de l'énumérabilité plus tard).
- À chaque itération, la variable `cle` reçoit le nom de la propriété en cours.
- Vous pouvez ensuite utiliser `objet[cle]` pour accéder à la valeur de cette propriété.

La boucle `for...in` est utile pour examiner les propriétés d'un objet ou pour effectuer des opérations sur chaque propriété. Cependant, l'ordre dans lequel les propriétés sont itérées n'est pas garanti d'être cohérent entre les différents moteurs JavaScript. La boucle `for...in` itère également sur les propriétés héritées de la chaîne de prototypes d'un objet.

## 7.6    Méthodes d'objet

### Getters et Setters

Les getters et les setters sont des méthodes spéciales qui vous permettent de contrôler la façon dont les propriétés sont accédées et modifiées.

- **Getter** : Une méthode préfixée par `get` qui est appelée lorsque vous *lisez* la propriété.

- **Setter** : Une méthode préfixée par set qui est appelée lorsque vous *affectez* une valeur à la propriété.

```
let personne = {
  prenom: "Jean",
  nom: "Dupont",

  get nomComplet() {
    return this.prenom + " " + this.nom;
  },

  set nomComplet(valeur) {
    let parties = valeur.split(" "); // Division simple du nom
    if (parties.length === 2) {
      this.prenom = parties[0];
      this.nom = parties[1];
    } else {
      console.warn("Format de nom complet invalide.");
    }
  }
};

console.log(personne.nomComplet); // Sortie : Jean Dupont (getter appelé)

personne.nomComplet = "Alice Martin"; // Setter appelé
console.log(personne.prenom); // Sortie : Alice
console.log(personne.nom); // Sortie : Martin
console.log(personne.nomComplet); // Sortie : Alice Martin

personne.nomComplet = "Bob";   //Sortie: Format de nom complet invalide.
```

Les getters et les setters permettent d'encapsuler l'accès aux propriétés, d'ajouter une logique de validation ou d'effectuer des calculs en arrière-plan lorsqu'une propriété est accédée ou modifiée.

# Object.keys(), Object.values(), et Object.entries()

Ces méthodes fournissent des moyens pratiques d'obtenir des tableaux des clés, des valeurs ou des paires clé-valeur d'un objet :

- Object.keys(obj) : Renvoie un tableau des *noms* (clés) des propriétés *propres* énumérables de l'objet.
- Object.values(obj) : Renvoie un tableau des *valeurs* des propriétés *propres* énumérables de l'objet.

- `Object.entries(obj)` : Renvoie un tableau des paires clé-valeur des propriétés *propres* énumérables de l'objet, où chaque paire est représentée comme un tableau imbriqué `[cle, valeur]`.

```
let personne = {
  prenom: "Jean",
  nom: "Dupont",
  age: 30
};

let cles = Object.keys(personne);
console.log(cles); // Sortie : [ 'prenom', 'nom', 'age' ]

let valeurs = Object.values(personne);
console.log(valeurs); // Sortie : [ 'Jean', 'Dupont', 30 ]

let entrees = Object.entries(personne);
console.log(entrees);
// Sortie :
// [
//   [ 'prenom', 'Jean' ],
//   [ 'nom', 'Dupont' ],
//   [ 'age', 30 ]
// ]

for (const [cle, valeur] of Object.entries(personne)) {
  console.log(`${cle} : ${valeur}`);
}
// Sortie :
// prenom : Jean
// nom : Dupont
// age : 30
```

Ces méthodes sont très utiles pour travailler avec les données d'un objet de manière plus structurée, en particulier lorsque vous devez itérer sur les propriétés de l'objet ou les transformer en tableaux.

## Object.assign()

`Object.assign()` est utilisé pour copier les valeurs de toutes les propriétés *propres* énumérables d'un ou plusieurs *objets sources* vers un *objet cible*. Il est couramment utilisé pour créer des copies d'objets ou pour fusionner plusieurs objets en un seul.

```
let cible = { a: 1, b: 2 };
let source1 = { b: 3, c: 4 };
let source2 = { c: 5, d: 6 };
```

```
let cibleRetournee = Object.assign(cible, source1, source2);

console.log(cible); // Sortie : { a: 1, b: 3, c: 5, d: 6 } (cible est modifié)
console.log(cibleRetournee); // Sortie : { a: 1, b: 3, c: 5, d: 6 } (identique à
cible)
console.log(cible === cibleRetournee); // Sortie : true

// Créer un objet de copie
let obj = { nom: "Jean", age: 30 };
let copie = Object.assign({}, obj);
console.log(copie); // Sortie : {nom: "Jean", age: 30}
```

- Object.assign(cible, ...sources) :
  - cible : L'objet cible - ce qui est modifié et également renvoyé.
  - ...sources : Un ou plusieurs objets sources.
- Les propriétés de l'objet cible sont *écrasées* par les propriétés avec les mêmes clés dans les objets sources. Les sources ultérieures écrasent les sources antérieures.
- Object.assign() effectue une *copie superficielle*. Cela signifie que si une valeur de propriété dans un objet source est une *référence* à un autre objet (un objet imbriqué ou un tableau), seule la *référence* est copiée, et non l'objet imbriqué lui-même.

```
// Exemple de copie superficielle
let obj1 = { a: 1, b: { c: 2 } };
let obj2 = Object.assign({}, obj1); // Créer une copie superficielle

obj2.a = 10;
obj2.b.c = 20;

console.log(obj1); // Sortie : { a: 1, b: { c: 20 } } (l'objet imbriqué est
modifié !)
console.log(obj2); // Sortie : { a: 10, b: { c: 20 } }
```

Dans cet exemple, obj2 est une copie superficielle de obj1. Changer obj2.a n'affecte pas obj1.a car a est une valeur primitive. Cependant, changer obj2.b.c *affecte* obj1.b.c car b contient une *référence* à un objet imbriqué, et cette référence a été copiée, pas l'objet lui-même.

## hasOwnProperty

La méthode hasOwnProperty permet de vérifier si l'objet possède une propriété avec une clé spécifiée ou non, et renvoie true ou false.

```
const object1 = {};
object1.property1 = 42;
console.log(object1.hasOwnProperty('property1'));// Sortie : true
console.log(object1.hasOwnProperty('toString'));// Sortie : false
```

## Object.freeze(), Object.seal()

La méthode `Object.freeze()` empêche la modification des propriétés existantes et l'ajout de nouvelles propriétés. `Object.seal()` empêche l'ajout de nouvelles propriétés, mais permet la modification des propriétés existantes.

```
// Freeze
const obj = {
  prop: 42
};
Object.freeze(obj);
obj.prop = 33;         // Lève une erreur en mode strict
console.log(obj.prop); // Sortie: 42
obj.nom = "John";      //Lève une erreur
console.log(obj);      // Sortie: {prop: 42}

// Seal
const object1 = {
  property1: 42
};
Object.seal(object1);
object1.property1 = 33;
console.log(object1.property1); // Sortie: 33
delete object1.property1; // Ne peut pas être supprimé lorsqu'il est scellé
console.log(object1.property1); // Sortie: 33
object1.nom = "John"    // Lève une erreur
```

## 7.7    Propriété calculée

Vous pouvez utiliser le nom de la propriété calculée en ajoutant des crochets, qui évaluent une valeur et l'ajoutent en tant que clé.

```
let fruit = "pomme";
let item = {
[fruit + "Ordinateurs"]: 5 // pommeOrdinateurs: 5
}
console.log(item.pommeOrdinateurs); //Sortie : 5
```

## 7.8    Raccourci de valeur de propriété

```
function utilisateur(nom, age) {
  return {
    nom,      // same as nom: nom
    age,      // same as age: age
  };
```

```
}
let utilisateur1 = utilisateur("Jean", 33);
console.log(utilisateur1); // Sortie : {nom: 'Jean', age: 33}
```

## 7.9    Limitations des noms de propriété

Les mots réservés et les entiers sont autorisés à être des noms de propriété. Et toutes les clés sont converties en chaînes, sauf les symboles.

```
let obj = {
  for: 1,
  let: 2,
  return: 3,
  0: 4,
  1: 5
};
console.log(obj.for + obj.let + obj.return);   // Sortie : 6.
console.log(obj["0"] + obj["1"]);              // Sortie: 9
```

## 7.10    Test "Existence de la propriété", opérateur in

L'opérateur in vérifie si la propriété existe dans un objet.

```
let utilisateur = { nom: "Jean", age: 30 };
console.log("age" in utilisateur); // Sortie : true, utilisateur.age existe
console.log("blabla" in utilisateur); // Sortie : false, utilisateur.blabla
n'existe pas
```

## 7.11    Chaînage optionnel

Le chaînage optionnel ?. arrête l'évaluation si la valeur avant est null ou undefined et renvoie undefined.

```
let utilisateur = {}; // un objet sans la propriété "adresse"
console.log(utilisateur?.adresse?.rue);   // Sortie : undefined (pas d'erreur)
```

## 7.12    Résumé

Ce chapitre vous a présenté les *objets*, l'une des structures de données les plus importantes et les plus polyvalentes en JavaScript. Vous avez appris à créer des objets à l'aide de littéraux d'objet, du mot-clé new avec des fonctions constructeur, et d'Object.create() ; accéder et modifier les propriétés d'un objet à l'aide de la notation par points et de la notation par crochets ; ajouter et supprimer des propriétés ; définir des méthodes (fonctions en tant que propriétés); et comprendre le rôle crucial du mot-clé `this` dans les méthodes. Nous avons également exploré les moyens d'itérer sur les objets, de créer des getters et des setters, et d'utiliser des méthodes utiles comme `Object.keys()`, `Object.values()`, `Object.entries()`, `Object.assign()`, `hasOwnProperty`, `Object.freeze()` et `Object.seal()`, propriété calculée, raccourci de valeur de propriété, limitations des noms de propriété, test « existence de propriété » et chaînage optionnel. Grâce à cette solide compréhension des objets, vous êtes bien équipé pour aborder des concepts de programmation plus complexes et commencer à construire des applications plus sophistiquées. Dans le prochain chapitre, nous allons présenter une autre structure de données fondamentale : les tableaux.

# 8

# Tableaux

Dans le chapitre précédent, nous avons exploré les objets, qui sont des collections de paires clé-valeur. Nous allons maintenant introduire les *tableaux*, qui sont des collections *ordonnées* de données. Les tableaux sont essentiels pour stocker des listes d'éléments, gérer des séquences de données et effectuer des opérations sur plusieurs valeurs à la fois. Considérez un tableau comme une liste numérotée, où chaque élément de la liste a une position spécifique (un index).

## 8.1    Que sont les tableaux ?

Un tableau est une collection ordonnée de valeurs. Chaque valeur dans un tableau est appelée un *élément*, et chaque élément a une position numérique, appelée son *index*. Les indices des tableaux sont *basés sur zéro*, ce qui signifie que le premier élément est à l'index 0, le second à l'index 1, et ainsi de suite.

Les tableaux en JavaScript sont *dynamiques* - ils peuvent grandir ou rétrécir en taille selon les besoins. Ils peuvent également contenir des éléments de *différents types de données* au sein du même tableau (bien qu'il soit souvent conseillé de conserver des types cohérents pour les éléments d'un tableau).

## 8.2    Création de tableaux

Il existe deux façons principales de créer des tableaux en JavaScript :

### Littéraux de tableau

C'est la façon la plus courante et la plus préférée de créer des tableaux. Vous définissez les éléments du tableau directement entre crochets [].

```
let tableauVide = []; // Un tableau vide
let nombres = [1, 2, 3, 4, 5]; // Un tableau de nombres
let fruits = ["pomme", "banane", "orange"]; // Un tableau de chaînes de
caractères
let tableauMixte = [1, "bonjour", true, null, { nom: "Jean" }]; // Un tableau
avec des types de données mixtes
let tableauImbrique = [1, [2, 3], [4, [5, 6]]]; // Tableaux imbriqués

console.log(tableauVide); // Sortie : []
console.log(nombres); // Sortie : [ 1, 2, 3, 4, 5 ]
console.log(fruits); // Sortie : [ 'pomme', 'banane', 'orange' ]
```

## Le constructeur `new Array()`

Vous pouvez également utiliser le constructeur `new Array()`. Cependant, cette approche a quelques bizarreries et est généralement moins préférée que les littéraux de tableau.

```
let arr1 = new Array(); // Crée un tableau vide (similaire à [])
let arr2 = new Array(1, 2, 3); // Crée un tableau avec les éléments 1, 2, 3
let arr3 = new Array(5); // Crée un tableau avec une *longueur* de 5 (tous les
éléments sont undefined)

console.log(arr1); // Sortie : []
console.log(arr2); // Sortie : [ 1, 2, 3 ]
console.log(arr3); // Sortie : [ <5 empty items> ] (ou [ undefined, undefined,
undefined, undefined, undefined ])
```

Soyez prudent lorsque vous utilisez `new Array(n)` avec un seul argument numérique. Il crée un tableau avec la *longueur* spécifiée, mais les éléments sont initialement *vides* (pas réellement remplis avec `undefined`, bien qu'ils se comportent de manière similaire).

# 8.3   Accéder et modifier les éléments d'un tableau

Vous accédez aux éléments d'un tableau en utilisant la *notation par crochets* avec leur index.

```
let fruits = ["pomme", "banane", "orange"];

console.log(fruits[0]); // Sortie : pomme (premier élément)
console.log(fruits[1]); // Sortie : banane (deuxième élément)
console.log(fruits[2]); // Sortie : orange (troisième élément)
console.log(fruits[3]); // Sortie : undefined (il n'y a pas d'élément à l'index
3)

fruits[1] = "raisin"; // Modifier le deuxième élément
console.log(fruits); // Sortie : [ 'pomme', 'raisin', 'orange' ]
```

Vous pouvez modifier les éléments d'un tableau en leur affectant de nouvelles valeurs en utilisant leur index.

## 8.4    Longueur d'un tableau

La propriété `length` d'un tableau renvoie le nombre d'éléments dans le tableau. Ce n'est *pas* nécessairement l'index le plus élevé ; c'est le nombre total d'éléments. Vous pouvez également *définir* la propriété `length` pour tronquer ou étendre le tableau.

```
let couleurs = ["rouge", "vert", "bleu"];
console.log(couleurs.length); // Sortie : 3

couleurs.length = 2; // Tronquer le tableau
console.log(couleurs); // Sortie : [ 'rouge', 'vert' ]

couleurs.length = 5; // Étendre le tableau (les nouveaux éléments sont
undefined)
console.log(couleurs); // Sortie : [ 'rouge', 'vert', <2 empty items> ]
```

Changer la longueur peut être utile pour ajouter ou supprimer des éléments qui se trouvent aux dernières positions du tableau.

## 8.5    Itérer sur les tableaux

Il existe plusieurs façons de parcourir les éléments d'un tableau :

### Boucle `for`

La boucle `for` traditionnelle est un moyen courant et flexible d'itérer sur un tableau.

```
let nombres = [1, 2, 3, 4, 5];

for (let i = 0; i < nombres.length; i++) {
  console.log(nombres[i]);
}
// Sortie :
// 1
// 2
// 3
// 4
// 5
```

## Boucle `for...of`

La boucle `for...of` (introduite dans ES6) offre un moyen plus concis d'itérer sur les *valeurs* d'un tableau (sans avoir besoin de gérer directement les indices).

```
let fruits = ["pomme", "banane", "orange"];

for (let fruit of fruits) {
  console.log(fruit);
}
// Sortie :
// pomme
// banane
// orange
```

## Méthode `forEach()`

La méthode `forEach()` exécute une fonction fournie une fois pour chaque élément du tableau. C'est une approche fonctionnelle de l'itération.

```
let couleurs = ["rouge", "vert", "bleu"];

couleurs.forEach(function (couleur, index) {
  console.log("Couleur à l'index " + index + " : " + couleur);
});
// Sortie :
// Couleur à l'index 0 : rouge
// Couleur à l'index 1 : vert
// Couleur à l'index 2 : bleu
```

- `forEach()` prend une *fonction de rappel* (callback) comme argument.
- La fonction de rappel est exécutée pour chaque élément du tableau.
- La fonction de rappel peut accepter jusqu'à trois arguments :
  - ▸ La valeur de l'élément en cours (`couleur` dans cet exemple).
  - ▸ L'index de l'élément en cours (`index` dans cet exemple).
  - ▸ Le tableau lui-même (souvent non utilisé).
- Elle n'a pas de retour.

`forEach()` est un moyen concis et lisible d'itérer, mais il ne fournit pas de moyen de *sortir* de la boucle prématurément (comme `break` dans une boucle `for`).

# 8.6     Méthodes de tableau courantes

JavaScript fournit un riche ensemble de méthodes de tableau intégrées pour manipuler et travailler avec des tableaux. Ces méthodes rendent souvent les opérations sur les tableaux plus con-

cises et efficaces. Voici quelques méthodes de tableau fondamentales et très couramment utilisées.

## push(), pop(), shift(), unshift()

Ces méthodes modifient le tableau d'origine:

- push(element1, ..., elementN) : Ajoute un ou plusieurs éléments à la *fin* du tableau et renvoie la nouvelle longueur du tableau.
- pop() : Supprime le *dernier* élément du tableau et renvoie cet élément. Si le tableau est vide, il renvoie undefined.
- shift() : Supprime le *premier* élément du tableau et renvoie cet élément. Cela décale tous les éléments suivants d'une position vers la gauche. Si le tableau est vide, il renvoie undefined.
- unshift(element1, ..., elementN) : Ajoute un ou plusieurs éléments au *début* du tableau et renvoie la nouvelle longueur. Cela décale les éléments existants vers des indices plus élevés.

```
let nombres = [1, 2, 3];

nombres.push(4); // Ajouter 4 à la fin
console.log(nombres); // Sortie : [ 1, 2, 3, 4 ]
let nouvelleLongueur = nombres.push(5, 6);
console.log(nombres); // Sortie : [ 1, 2, 3, 4, 5, 6 ]
console.log(nouvelleLongueur); // Sortie : 6

let dernierElement = nombres.pop(); // Supprimer le dernier élément (6)
console.log(nombres); // Sortie : [ 1, 2, 3, 4, 5 ]
console.log(dernierElement); // Sortie : 6

let premierElement = nombres.shift(); // Supprimer le premier élément (1)
console.log(nombres); // Sortie : [ 2, 3, 4, 5 ]
console.log(premierElement); // Sortie : 1

let longueurApresUnshift = nombres.unshift(-1, 0); // Ajouter -1 et 0 au début
console.log(nombres); // Sortie : [ -1, 0, 2, 3, 4, 5 ]
console.log(longueurApresUnshift); // Sortie : 6
```

Ces méthodes sont souvent utilisées pour implémenter des structures de données de pile (LIFO - Last-In, First-Out) et de file d'attente (FIFO - First-In, First-Out).

## splice()

splice() est une méthode polyvalente qui peut ajouter, supprimer et remplacer des éléments à n'importe quelle position dans un tableau. *Elle modifie le tableau d'origine.*

```
tableau.splice(indexDebut, nombreASupprimer, element1, element2, ...)
```

- indexDebut : L'index à partir duquel commencer à apporter des modifications.
- nombreASupprimer : Le nombre d'éléments à supprimer (en commençant à indexDebut). Si 0, aucun élément n'est supprimé.
- element1, element2, ... : (Facultatif) Les éléments à ajouter au tableau, en commençant à indexDebut. Si aucun élément n'est spécifié, splice() supprime uniquement des éléments.

splice() renvoie un tableau contenant les éléments *supprimés* (ou un tableau vide si aucun élément n'a été supprimé).

```
let monTableau = [1, 2, 3, 4, 5];

// Supprimer 2 éléments en commençant à l'index 1 :
let supprimes = monTableau.splice(1, 2);
console.log(monTableau); // Sortie : [ 1, 4, 5 ] (tableau d'origine modifié)
console.log(supprimes); // Sortie : [ 2, 3 ] (éléments supprimés)

// Ajouter des éléments à l'index 1 (sans en supprimer) :
monTableau.splice(1, 0, "a", "b");
console.log(monTableau); // Sortie : [ 1, 'a', 'b', 4, 5 ]

// Remplacer un élément à l'index 3 par une nouvelle valeur :
monTableau.splice(3, 1, "c");
console.log(monTableau); // Sortie : [ 1, 'a', 'b', 'c', 5 ]
```

# slice()

slice() extrait une section d'un tableau et renvoie un *nouveau tableau* contenant les éléments extraits. *Elle ne modifie pas le tableau d'origine.*

```
tableau.slice(indexDebut, indexFin);
```

- indexDebut : L'index à partir duquel commencer l'extraction (inclusif).
- indexFin : L'index *avant lequel* terminer l'extraction (exclusif). Si omis, l'extraction continue jusqu'à la fin du tableau.

```
let tableauOriginal = [1, 2, 3, 4, 5];

let nouveauTableau = tableauOriginal.slice(1, 4); // Extraire de l'index 1
jusqu'à (mais sans inclure) l'index 4
console.log(nouveauTableau); // Sortie : [ 2, 3, 4 ]
console.log(tableauOriginal); // Sortie : [ 1, 2, 3, 4, 5 ] (tableau d'origine
inchangé)
```

```
let autreTableau = tableauOriginal.slice(2); // Extraire de l'index 2 jusqu'à la
fin
console.log(autreTableau); // Sortie : [ 3, 4, 5 ]

let copieTableau = tableauOriginal.slice(); // Crée une copie superficielle du
tableau entier
console.log(copieTableau); // Sortie : [ 1, 2, 3, 4, 5 ]
```

slice() est souvent utilisé pour créer des copies de tableaux ou pour extraire des portions spécifiques d'un tableau sans modifier l'original. Comme Object.assign(), slice() crée des *copies superficielles*.

## concat()

concat() combine deux ou plusieurs tableaux et renvoie un *nouveau tableau*. Il ne modifie *pas* les tableaux d'origine.

```
let arr1 = [1, 2];
let arr2 = [3, 4];
let arr3 = [5, 6];

let tableauFusionne = arr1.concat(arr2, arr3);
console.log(tableauFusionne); // Sortie : [ 1, 2, 3, 4, 5, 6 ]
console.log(arr1); // Sortie : [ 1, 2 ] (tableaux d'origine inchangés)
console.log(arr2); // Sortie : [ 3, 4 ]

let combine = arr1.concat(7, 8, [9, 10]); // Peut également concaténer des
valeurs non-tableau
console.log(combine); // Sortie : [ 1, 2, 7, 8, 9, 10 ]
```

## indexOf(), lastIndexOf(), includes()

Ces méthodes fonctionnent de manière similaire à leurs équivalents pour les chaînes de caractères :

- indexOf(element, indexDepart) : Renvoie l'index de la *première* occurrence d'un élément spécifié. Renvoie -1 si non trouvé.
- lastIndexOf(element, indexDepart) : Renvoie l'index de la *dernière* occurrence.
- includes(element, indexDepart) : Renvoie true si le tableau contient l'élément, false sinon.

```
let nombres = [1, 2, 3, 2, 1];

console.log(nombres.indexOf(2)); // Sortie : 1
console.log(nombres.lastIndexOf(2)); // Sortie : 3
```

```
console.log(nombres.includes(3)); // Sortie : true
console.log(nombres.includes(5)); // Sortie : false
```

# find(), findIndex()

- find(fonctionDeTest) : Renvoie le *premier élément* du tableau qui satisfait une fonction de test fournie (la fonction de rappel). Renvoie undefined si aucun élément ne satisfait la condition.
- findIndex(fonctionDeTest) : Renvoie l'*index* du premier élément qui satisfait la condition. Renvoie -1 si aucun élément ne satisfait la condition.

```
let nombres = [1, 5, 10, 15, 20];

let premierPair = nombres.find(function (nombre) {
  return nombre % 2 === 0;
});
console.log(premierPair); // Sortie : 10 (le premier nombre pair)

let premierPairIndex = nombres.findIndex(function (nombre) {
  return nombre % 2 === 0;
});

let superieurA12 = nombres.find((num) => num > 12);  //Utilisation d'une
fonction fléchée
console.log(superieurA12); // Sortie : 15

console.log(premierPairIndex); // Sortie : 2 (index du premier nombre pair)

let nonTrouve = nombres.find((nombre) => nombre > 100);
console.log(nonTrouve); // Sortie : undefined
```

La fonction fonctionDeTest (callback) est un moyen puissant de définir des critères de recherche complexes.

# sort()

sort() trie les éléments d'un tableau *en place* (modifie le tableau d'origine) et renvoie le tableau trié. *Par défaut, sort() trie les éléments comme des chaînes de caractères.* C'est pourquoi, pour trier des nombres, vous devez généralement fournir une fonction de comparaison personnalisée.

```
let fruits = ["banane", "pomme", "orange", "raisin"];
fruits.sort();
console.log(fruits); // Sortie : [ 'pomme', 'banane', 'orange', 'raisin' ]
(ordre alphabétique)
```

```
let nombres = [10, 5, 20, 1, 100];
nombres.sort(); // Trie comme des chaînes de caractères !
console.log(nombres); // Sortie : [ 1, 10, 100, 20, 5 ] (PAS trié numériquement)
```

Pour trier des nombres correctement, fournissez une *fonction de comparaison* :

```
function comparerNombres(a, b) {
  return a - b; // Ordre croissant
  // Pour un ordre décroissant : return b - a
}

nombres.sort(comparerNombres);
console.log(nombres); // Sortie : [ 1, 5, 10, 20, 100 ] (maintenant trié
numériquement)

//Fonction fléchée plus concise
nombres.sort((a, b) => a - b);
console.log(nombres);    // Sortie : [ 1, 5, 10, 20, 100 ] (maintenant trié
numériquement)
```

- La fonction de comparaison prend deux arguments (a et b), représentant deux éléments en cours de comparaison.
- Elle doit renvoyer :
  ‣ Une valeur négative si a doit venir avant b.
  ‣ Une valeur positive si a doit venir après b.
  ‣ 0 si a et b sont considérés comme égaux.

## reverse()

reverse() inverse l'ordre des éléments d'un tableau *en place* (modifie le tableau d'origine) et renvoie le tableau inversé.

```
let monTableau = [1, 2, 3, 4, 5];
monTableau.reverse();
console.log(monTableau); // Sortie : [ 5, 4, 3, 2, 1 ]
```

## map(), filter(), reduce() (plus de détails dans les chapitres suivants)

Ce sont des *fonctions d'ordre supérieur* qui sont incroyablement puissantes pour transformer des tableaux. Elles seront traitées plus en détail au chapitre 10 (Fonctions avancées).

- map(fonctionDeRappel) : Crée un *nouveau tableau* rempli des résultats de l'appel d'une fonction fournie sur chaque élément du tableau appelant.

- filter(fonctionDeRappel) : Crée un *nouveau tableau* avec tous les éléments qui passent le test implémenté par la fonction fournie.
- reduce(fonctionDeRappel, valeurInitiale) : Applique une fonction à un *accumulateur* et à chaque élément du tableau (de gauche à droite) pour le réduire à une seule valeur.

Voici un aperçu très bref :

```
let nombres = [1, 2, 3, 4, 5];

// map() : Doubler chaque nombre
let doubles = nombres.map(function (nombre) {
  return nombre * 2;
});
console.log(doubles); // Sortie : [ 2, 4, 6, 8, 10 ]

// filter() : Conserver uniquement les nombres pairs
let pairs = nombres.filter(function (nombre) {
  return nombre % 2 === 0;
});
console.log(pairs); // Sortie : [ 2, 4 ]

// reduce() : Calculer la somme de tous les nombres
let somme = nombres.reduce(function (accumulateur, valeurCourante) {
  return accumulateur + valeurCourante;
}, 0); // 0 est la valeurInitiale
console.log(somme); // Sortie : 15
```

# join()

La méthode join() renvoie une nouvelle chaîne de caractères en concaténant tous les éléments du tableau, séparés par un séparateur spécifié.

```
const elements = ['Feu', 'Air', 'Eau'];

console.log(elements.join());      // Sortie: "Feu,Air,Eau"
console.log(elements.join(''));    // Sortie: "FeuAirEau"
console.log(elements.join('-'));   // Sortie: "Feu-Air-Eau"
```

# isArray()

isArray() est une méthode qui permet de déterminer si la valeur passée est un tableau ou non.

```
console.log(Array.isArray([1, 3, 5]));      // Sortie: true
console.log(Array.isArray('[]'));           // Sortie: false
console.log(Array.isArray(new Array(5)));   // Sortie: true
console.log(Array.isArray({}));             // Sortie: false
```

## 8.7     Tableaux multidimensionnels

Les tableaux peuvent contenir d'autres tableaux, créant des *tableaux multidimensionnels* (souvent utilisés pour représenter des matrices ou des grilles).

```
let matrice = [
  [1, 2, 3],
  [4, 5, 6],
  [7, 8, 9],
];

console.log(matrice[0]); // Sortie : [ 1, 2, 3 ] (la première ligne)
console.log(matrice[1][2]); // Sortie : 6 (ligne 1, colonne 2)

// Itérer à travers un tableau 2D :
for (let i = 0; i < matrice.length; i++) {
  for (let j = 0; j < matrice[i].length; j++) {
    console.log(matrice[i][j]);
  }
}
```

## 8.8     Résumé

Ce chapitre a présenté les *tableaux*, qui sont des collections ordonnées de données. Vous avez appris à créer des tableaux. Accéder à leurs éléments, les modifier, les parcourir. Vous avez couvert un large éventail de méthodes de tableau intégrées très utiles. De plus, vous avez eu un bref aperçu des fonctions d'ordre supérieur map(), filter() et reduce(), que nous approfondirons plus tard. Les tableaux sont fondamentaux pour la gestion des listes de données, et les techniques que vous avez apprises dans ce chapitre seront inestimables dans votre parcours de programmation JavaScript. Dans le prochain chapitre, nous approfondirons les concepts de portées et de closures, pour comprendre la visibilité des variables.

# 9

# Portée et Closures

Dans les chapitres précédents, nous avons utilisé des variables sans approfondir *où* ces variables sont accessibles. Ce chapitre se concentre sur la *portée* (scope), un concept fondamental qui détermine la visibilité et la durée de vie des variables. Comprendre la portée est crucial pour écrire un code propre, maintenable et sans bogue. Nous explorerons également les *closures*, une fonctionnalité puissante liée à la portée qui permet aux fonctions de "se souvenir" de leur environnement environnant. Nous avons brièvement abordé la portée au chapitre 4, mais nous allons maintenant entrer dans beaucoup plus de détails.

## 9.1    Rappel sur la portée

La portée fait référence au *contexte* dans lequel les variables sont définies et accessibles. Elle détermine quelles parties de votre code peuvent "voir" et utiliser une variable particulière. Il existe trois principaux types de portée en JavaScript :

- **Portée globale (Global Scope)** : Les variables déclarées en dehors de toute fonction ont une portée globale.
- **Portée locale (de fonction) (Local/Function Scope)** : Les variables déclarées *à l'intérieur* d'une fonction ont une portée locale.
- **Portée de bloc (Block Scope)** : Les variables déclarées avec `let` et `const` à l'intérieur d'un bloc (`{ ... }`) ont une portée de bloc.

### Portée globale

Les variables déclarées en dehors de toute fonction ou bloc ont une *portée globale*. Elles sont accessibles depuis *n'importe où* dans votre code, y compris à l'intérieur des fonctions.

```
let variableGlobale = "Je suis une variable globale";
```

```
function accederGlobal() {
  console.log(variableGlobale); // Accède à la variable globale (fonctionne)
}

accederGlobal(); // Sortie : Je suis une variable globale
console.log(variableGlobale); // Sortie : Je suis une variable globale
(fonctionne aussi en dehors de la fonction)
```

Bien que les variables globales puissent être pratiques, il est généralement préférable de *minimiser* leur utilisation. L'utilisation excessive de variables globales peut entraîner :

- **Conflits de noms** : Si différentes parties de votre code utilisent le même nom de variable globale, elles peuvent accidentellement écraser les valeurs des autres.
- **Modularité réduite** : Le code qui repose fortement sur des variables globales est moins autonome et plus difficile à réutiliser dans différents contextes.
- **Difficultés de débogage** : Il peut être plus difficile de déterminer où la valeur d'une variable globale est modifiée.

## Portée locale

Les variables déclarées *à l'intérieur* d'une fonction en utilisant var, let ou const ont une *portée locale* (ou *portée de fonction*). Elles ne sont accessibles que *depuis l'intérieur* de cette fonction.

```
function maFonction() {
  let variableLocale = "Je suis une variable locale";
  var autreVariableLocale = "Je suis aussi locale (var)";
  console.log(variableLocale); // Sortie : Je suis une variable locale
  console.log(autreVariableLocale); // Sortie : Je suis aussi locale (var)
}

maFonction();
// console.log(variableLocale); // Erreur ! variableLocale n'est pas définie en
dehors de la fonction
// console.log(autreVariableLocale); // Erreur !
```

Chaque fois qu'une fonction est appelée, une nouvelle portée locale est créée. Les variables locales sont créées lorsque la fonction démarre et détruites lorsque la fonction se termine.

## Portée de bloc

let et const, introduits dans ES6, fournissent une *portée de bloc*. Un bloc est tout code encadré par des accolades {} (par exemple, le corps d'une instruction if, d'une boucle for, d'une boucle while ou simplement un bloc autonome). Les variables déclarées avec let et const à l'intérieur d'un bloc ne sont accessibles qu'*à l'intérieur de ce bloc*.

```
if (true) {
  let variableDeBloc = "J'ai une portée de bloc (let)";
  const autreVariableDeBloc = "J'ai aussi une portée de bloc (const)";
  var variableDeFonction = "J'ai toujours une portée de fonction";
  console.log(variableDeBloc); // Sortie : J'ai une portée de bloc (let)
  console.log(autreVariableDeBloc); // Sortie : J'ai aussi une portée de bloc
(const)
}

// console.log(variableDeBloc); // Erreur ! variableDeBloc n'est pas définie en
dehors du bloc
// console.log(autreVariableDeBloc); // Erreur !
console.log(variableDeFonction); // Sortie : J'ai toujours une portée de
fonction
```

*Fondamentalement, var n'a pas de portée de bloc.* Les variables déclarées avec var à l'intérieur d'un bloc ont toujours la portée de la *fonction englobante* (ou la portée globale si elles ne sont pas à l'intérieur d'une fonction). C'est l'une des principales raisons pour lesquelles let et const sont préférés à var dans le JavaScript moderne. La portée de bloc permet de déterminer plus facilement où les variables sont accessibles et aide à prévenir la redéclaration et la modification accidentelles de variables.

```
function exemple() {
  if (true) {
    var x = 10;
    let y = 20;
  }
  console.log(x); // Sortie : 10 (var a une portée de fonction)
  // console.log(y); // Erreur ! y n'est pas défini (let a une portée de bloc)
}
exemple();
```

# 9.2    La chaîne de portée

Lorsque votre code essaie d'accéder à une variable, JavaScript suit un processus spécifique pour la trouver. Ce processus est appelé la *chaîne de portée.*

1. **Portée actuelle :** JavaScript commence par rechercher dans la *portée actuelle* (la portée où le code est en cours d'exécution).
2. **Portées extérieures :** Si la variable n'est pas trouvée dans la portée actuelle, JavaScript passe à la *portée extérieure* (la portée qui entoure la portée actuelle).
3. **Répétition vers les portées extérieures :** Ce processus continue, en remontant la chaîne de portée vers des portées de plus en plus extérieures, jusqu'à ce que la variable soit trouvée ou que la portée globale soit atteinte.
4. **Portée globale :** Si la variable atteint la portée globale et n'est *toujours* pas trouvée :
   ▸ Si vous êtes en *mode strict*, vous obtiendrez une ReferenceError.

- Si vous n'êtes *pas* en mode strict, et que vous *affectez* une valeur à la variable, JavaScript créera implicitement une variable *globale* avec ce nom (ce qui est généralement indésirable). Si vous *lisez* simplement la variable, elle renverra undefined.

```
let variableGlobale = "globale";

function fonctionExterieure() {
  let variableExterieure = "exterieure";

  function fonctionInterieure() {
    let variableInterieure = "interieure";
    console.log(variableInterieure); // Sortie : interieure (trouvée dans la
portée actuelle)
    console.log(variableExterieure); // Sortie : exterieure (trouvée dans la
portée extérieure)
    console.log(variableGlobale); // Sortie : globale (trouvée dans la portée
globale)
  }
  fonctionInterieure();
//   console.log(variableInterieure) // Erreur! Pas accessible ici.
}

fonctionExterieure();
```

Dans cet exemple, fonctionInterieure peut accéder aux variables de sa propre portée (variableInterieure), de la portée de fonctionExterieure (variableExterieure) et de la portée globale (variableGlobale). Cela démontre la chaîne de portée en action.

# 9.3 Portée lexicale

JavaScript utilise la *portée lexicale* (également appelée *portée statique*). Cela signifie que la portée d'une variable est déterminée par sa *position dans le code source* (où elle est écrite) et *non* par l'endroit ou la manière dont la fonction est appelée. La chaîne de portée est déterminée au *moment de la compilation*, et non à l'exécution.

```
let maVariable = "globale";

function fonction1() {
  console.log(maVariable); // Qu'est-ce que cela affichera ?
}

function fonction2() {
  let maVariable = "locale";
  fonction1();
}
```

```
fonction2(); // Sortie : globale
```

Même si `fonction1` est *appelée* depuis `fonction2`, la chaîne de portée de `fonction1` est déterminée par l'endroit où elle est *définie* (dans la portée globale dans ce cas). Donc, lorsque `fonction1` essaie d'accéder à `maVariable`, elle regarde dans sa propre portée (ne la trouvant pas), puis dans la portée globale (trouvant la `maVariable` globale). Le fait que `fonction2` ait une variable locale nommée `maVariable` n'est pas pertinent pour `fonction1`.

## 9.4    Closures

Les closures sont l'un des concepts les plus puissants et parfois les plus mal compris de JavaScript. Une *closure* est la combinaison d'une fonction et de l'*environnement lexical* (sa portée environnante) dans lequel cette fonction a été déclarée. En termes plus simples, une closure est la capacité d'une fonction à "se souvenir" et à accéder aux variables de sa portée environnante *même après* que la fonction extérieure a fini de s'exécuter.

```
function fonctionExterieure() {
  let variableExterieure = "Bonjour";

  function fonctionInterieure() {
    console.log(variableExterieure); // Accède à variableExterieure depuis la
portée englobante
  }

  return fonctionInterieure; // Retourne la fonction intérieure
}

let maClosure = fonctionExterieure(); // maClosure contient maintenant une
référence à fonctionInterieure
maClosure(); // Sortie : Bonjour
```

Explication :

1. `fonctionExterieure` déclare une variable locale `variableExterieure`.
2. `fonctionExterieure` définit une fonction interne `fonctionInterieure` qui accède à `variableExterieure`.
3. `fonctionExterieure` *retourne* `fonctionInterieure`.
4. Nous appelons `fonctionExterieure()`, et la `fonctionInterieure` retournée est affectée à la variable `maClosure`.
5. *Même si `fonctionExterieure` a fini de s'exécuter*, lorsque nous appelons `maClosure()`, elle a *toujours* accès à `variableExterieure`.

C'est une closure ! `fonctionInterieure`, via `maClosure`, "se referme sur" la variable `variableExterieure` de sa portée environnante. Elle se *souvient* de `variableExterieure` même après que la fonction extérieure est terminée. Cela se produit parce que la portée lexicale de la fonction interne reste disponible tant que la fonction interne existe.

# Comment fonctionnent les closures

- Lorsqu'une fonction est *créée*, elle ne stocke pas seulement le code à exécuter ; elle crée également une *closure* qui capture les variables de sa portée environnante (son environnement lexical).
- Cette closure est comme un "sac à dos" que la fonction transporte, contenant des références aux variables dont elle a besoin.
- Même si la fonction extérieure se termine et que sa portée est techniquement "partie", la closure de la fonction intérieure *conserve ces variables en vie* tant que la fonction intérieure est toujours accessible.

# Utilisations pratiques des closures

Les closures sont incroyablement utiles dans diverses situations :

- **Création de variables privées** : Les closures peuvent être utilisées pour simuler des variables privées, qui ne sont pas directement accessibles depuis l'extérieur de la fonction.

```
function compteur() {
  let compte = 0; // 'compte' est "privé" à la fonction compteur

  return { // Retourne un objet avec des méthodes
    incrementer: function() {
      compte++;
    },
    decrementer: function() {
      compte--;
    },
    getCompte: function() {
      return compte;
    }
  };
}

let monCompteur = compteur();
monCompteur.incrementer();
monCompteur.incrementer();
console.log(monCompteur.getCompte()); // Sortie : 2
// console.log(monCompteur.compte); // Erreur ! 'compte' n'est pas accessible
directement.
```

Dans cet exemple, compte est un état "privé" de compteur.

- **Curryfication (application partielle)** : La curryfication est une technique où vous transformez une fonction qui prend plusieurs arguments en une séquence de fonctions qui prennent chacune un seul argument. Les closures rendent la curryfication possible.

```
function multiplier(x) {
  return function(y) { // La fonction interne "se referme sur" x
    return x * y;
  };
}

let multiplierParDeux = multiplier(2); // Retourne une fonction qui multiplie
par 2
console.log(multiplierParDeux(5)); // Sortie : 10
console.log(multiplierParDeux(10)); // Sortie : 20

let multiplierParCinq = multiplier(5); // Retourne une fonction qui multiplie
par 5
console.log(multiplierParCinq(3)); // Sortie : 15
```

La fonction interne "se souvient" de la valeur de x de la portée de la fonction externe.

- **Gestionnaires d'événements et callbacks** : Les closures sont souvent utilisées dans les gestionnaires d'événements et les callbacks pour conserver l'accès aux variables du contexte environnant. (Cela sera plus évident lorsque nous aborderons JavaScript asynchrone et le DOM dans les chapitres suivants).

- **Encapsulation de données** : masquage des détails d'implémentation.

# 9.5   Le modèle de module

Le modèle de module (Module Pattern) est un patron de conception qui tire parti des closures pour créer des modules autonomes avec un état privé et des interfaces publiques.

```
let monModule = (function() {
  // Variables et fonctions privées
  let variablePrivee = "Je suis privé";

  function fonctionPrivee() {
    console.log("Fonction privée appelée");
  }

  // API publique (ce qui est exposé)
  return {
    variablePublique: "Je suis public",
    methodePublique: function() {
      console.log(variablePrivee); // Accède à variablePrivee via la closure
      fonctionPrivee(); // Appelle fonctionPrivee
    }
  };
})(); // Expression de fonction immédiatement invoquée (IIFE)
```

```
console.log(monModule.variablePublique); // Sortie : Je suis public
monModule.methodePublique();
// Sortie :
// Je suis privé
// Fonction privée appelée

// console.log(monModule.variablePrivee); // Erreur ! variablePrivee n'est pas
accessible
// monModule.fonctionPrivee();      // Erreur ! fonctionPrivee n'est pas
accessible
```

Explication :

1. Nous utilisons une *expression de fonction immédiatement invoquée (IIFE)*. Cela crée une nouvelle portée et exécute la fonction immédiatement.
2. À l'intérieur de l'IIFE, nous déclarons des variables et des fonctions "privées" (`variablePrivee`, `fonctionPrivee`). Elles ne sont accessibles qu'*à l'intérieur* de la portée de l'IIFE.
3. L'IIFE *retourne un objet*. Cet objet devient la valeur de `monModule`.
4. L'objet retourné contient des propriétés et des méthodes "publiques" (`variablePublique`, `methodePublique`). Ce sont les seules parties du module qui sont accessibles de l'extérieur.
5. La `methodePublique` peut accéder aux variables et fonctions privées via une *closure*.

Le modèle de module est un moyen puissant d'organiser le code, d'encapsuler les données et de créer des composants réutilisables.

# 9.6   Résumé

Ce chapitre a approfondi la *portée* et les *closures*, deux concepts fondamentaux pour comprendre comment les variables sont accessibles et comment les fonctions se comportent en JavaScript. Vous avez appris la portée globale, la portée locale (de fonction), la portée de bloc, et l'importance de `let` et `const` pour la déclaration de variables. Vous avez exploré la chaîne de portée et comment JavaScript recherche les variables, et vous comprenez maintenant comment les closures permettent aux fonctions internes de conserver l'accès à leur environnement environnant, même après que la fonction externe est terminée. Vous avez appris à utiliser les closures comme la création de variables privées, la création de modules et la curryfication. Dans le prochain chapitre, nous explorerons des concepts de fonction avancés, y compris la récursivité, les fonctions d'ordre supérieur et les nuances du mot-clé `this`.

# 10

# Fonctions avancées

Au chapitre 4, nous avons introduit les fonctions comme des blocs de code réutilisables. Nous allons maintenant approfondir des concepts de fonctions plus avancés qui débloquent une plus grande flexibilité et puissance dans votre programmation JavaScript. Ce chapitre couvre la récursivité, les fonctions d'ordre supérieur et le mot-clé this, souvent mal compris. La compréhension de ces concepts améliorera considérablement votre capacité à écrire du code efficace, élégant et puissant.

## 10.1   Récursivité

La récursivité est une technique puissante où une fonction *s'appelle elle-même* dans sa propre définition. Elle est utilisée pour résoudre des problèmes qui peuvent être décomposés en sous-problèmes plus petits et similaires. Pensez-y comme à un ensemble de poupées russes - chaque poupée contient une version plus petite d'elle-même.

Une fonction récursive doit avoir deux parties essentielles :

1. **Cas de base** : Une condition qui arrête la récursivité. Sans cas de base, la fonction s'appellerait indéfiniment, conduisant à une erreur de dépassement de pile (stack overflow).
2. **Étape récursive** : La fonction s'appelle elle-même avec une version modifiée de l'entrée, se rapprochant du cas de base.

Voici un exemple classique : calculer la factorielle d'un nombre. La factorielle d'un entier non négatif n (écrite n!) est le produit de tous les entiers positifs inférieurs ou égaux à n. Par exemple, $5! = 5 \cdot 4 \cdot 3 \cdot 2 \cdot 1 = 120$.

```
function factorielle(n) {
  // Cas de base : la factorielle de 0 est 1
```

```
  if (n === 0) {
    return 1;
  } else {
    // Étape récursive : n! = n * (n-1)!
    return n * factorielle(n - 1);
  }
}

console.log(factorielle(5)); // Sortie : 120
console.log(factorielle(0)); // Sortie : 1
console.log(factorielle(3)); // Sortie : 6
```

Explication :

1. `factorielle(5)` :
   ► n n'est pas 0, donc nous allons à l'étape récursive : 5 * `factorielle(4)`
2. `factorielle(4)` :
   ► n n'est pas 0, donc : 4 * `factorielle(3)`
3. `factorielle(3)` :
   ► n n'est pas 0, donc : 3 * `factorielle(2)`
4. `factorielle(2)` :
   ► n n'est pas 0, donc : 2 * `factorielle(1)`
5. `factorielle(1)` :
   ► n n'est pas 0, donc : 1 * `factorielle(0)`
6. `factorielle(0)` :
   ► n *est* 0, donc nous atteignons le cas de base et retournons 1.
7. Les valeurs sont ensuite renvoyées vers le haut de la pile d'appels :
   ► `factorielle(1)` retourne 1 * 1 = 1
   ► `factorielle(2)` retourne 2 * 1 = 2
   ► `factorielle(3)` retourne 3 * 2 = 6
   ► `factorielle(4)` retourne 4 * 6 = 24
   ► `factorielle(5)` retourne 5 * 24 = 120

Voici un autre exemple classique : calculer la somme de tous les nombres d'un tableau.

```
function sommeTableau(arr) {
  if (arr.length === 0) {
    return 0;
  } else {
    return arr[0] + sommeTableau(arr.slice(1));
  }
}
let arr = [1, 2, 3, 4];
console.log(sommeTableau(arr)); // Sortie : 10
```

Explication :

1. `sommeTableau([1, 2, 3, 4])` :
   ▶ Le tableau n'est pas vide, nous allons donc à l'étape récursive : `1 + sommeTableau([2, 3, 4])`
2. `sommeTableau([2, 3, 4])` :
   ▶ Le tableau n'est pas vide, donc : `2 + sommeTableau([3, 4])`
3. `sommeTableau([3, 4])` :
   ▶ Le tableau n'est pas vide, donc : `3 + sommeTableau([4])`
4. `sommeTableau([4])` :
   ▶ Le tableau n'est pas vide, donc : `4 + sommeTableau([])`
5. `sommeTableau([])` :
   ▶ Le tableau est vide, nous avons donc atteint le cas de base et renvoyons `0`.
6. Les valeurs sont ensuite renvoyées vers le haut de la pile d'appels :
   ▶ `sommeTableau([4])` retourne $4 + 0 = 4$
   ▶ `sommeTableau([3, 4])` retourne $3 + 4 = 7$
   ▶ `sommeTableau([2, 3, 4])` retourne $2 + 7 = 9$
   ▶ `sommeTableau([1, 2, 3, 4])` retourne $1 + 9 = 10$

La récursivité peut être élégante et concise pour certains problèmes, mais elle peut aussi être moins efficace que les solutions itératives (utilisant des boucles) dans certains cas en raison de la surcharge des appels de fonction. Il est important de choisir la bonne approche pour le problème à résoudre. De plus, soyez attentif à la taille de la pile d'appels - une récursivité très profonde peut entraîner des erreurs de dépassement de pile.

# 10.2 Fonctions d'ordre supérieur

Les fonctions d'ordre supérieur sont des fonctions qui :

1. Prennent une ou plusieurs fonctions comme *arguments* (callbacks).
2. *Retournent* une fonction.

Nous avons déjà vu des exemples de fonctions d'ordre supérieur dans les chapitres précédents (par exemple, `Array.prototype.forEach()`, `Array.prototype.map()`, `Array.prototype.filter()`, `Array.prototype.reduce()`). Elles sont une pierre angulaire de la programmation fonctionnelle.

## Fonctions comme arguments d'autres fonctions (rappel sur les callbacks)

```
function faireOperation(x, y, operation) {
  return operation(x, y);
}

function addition(a, b) {
  return a + b;
```

```
}

function multiplication(a, b) {
  return a * b;
}

console.log(faireOperation(5, 3, addition)); // Sortie : 8 (fonction addition
passée comme argument)
console.log(faireOperation(5, 3, multiplication)); // Sortie : 15 (fonction
multiplication passée comme argument)
console.log(faireOperation(5, 3, (x, y) => x - y)); // Sortie : 2
```

Dans cet exemple, faireOperation est une fonction d'ordre supérieur car elle prend une fonction (operation) comme argument. Nous pouvons passer différentes fonctions (addition, multiplication) à faireOperation pour effectuer différentes opérations. Cela rend faireOperation très flexible.

## Fonctions retournant des fonctions

```
function creerSalutation(salutation) {
  return function(nom) { // Retourne une nouvelle fonction
    console.log(salutation + ", " + nom + " !");
  };
}

let direBonjour = creerSalutation("Bonjour"); // direBonjour est maintenant une
fonction
let direAuRevoir = creerSalutation("Au revoir"); // direAuRevoir est une autre
fonction

direBonjour("Alice"); // Sortie : Bonjour, Alice !
direAuRevoir("Bob"); // Sortie : Au revoir, Bob !
```

creerSalutation est une fonction d'ordre supérieur car elle *retourne* une fonction. La fonction retournée "se souvient" de la valeur salutation de la portée de la fonction externe (c'est une closure, comme nous l'avons vu au chapitre 9).

Les fonctions d'ordre supérieur permettent des techniques puissantes comme :

- **Abstraction** : Masquer les détails d'implémentation et créer des fonctions plus générales.
- **Réutilisabilité du code** : Écrire des fonctions qui peuvent être personnalisées avec différents comportements (callbacks).
- **Composition de fonctions** : Chaîner des fonctions ensemble pour créer des opérations complexes à partir de fonctions plus simples.

Maintenant, revisitons les méthodes map(), filter() et reduce() des tableaux, qui sont d'excellents exemples de fonctions d'ordre supérieur :

```
let nombres = [1, 2, 3, 4, 5];

// map() : Doubler chaque nombre
let doubles = nombres.map((x) => x * 2); // Syntaxe concise de fonction fléchée
console.log(doubles); // Sortie : [ 2, 4, 6, 8, 10 ]

// filter() : Conserver uniquement les nombres pairs
let pairs = nombres.filter((x) => x % 2 === 0);
console.log(pairs); // Sortie : [ 2, 4 ]

// reduce() : Calculer la somme de tous les nombres
let somme = nombres.reduce(
  (accumulateur, valeurCourante) => accumulateur + valeurCourante,
  0
);
console.log(somme); // Sortie : 15
```

- map(fonctionDeRappel) : La fonction fonctionDeRappel est appliquée à *chaque élément* du tableau, et map() renvoie un *nouveau tableau* contenant les résultats.
- filter(fonctionDeRappel) : La fonction fonctionDeRappel agit comme un *prédicat* (un test). filter() renvoie un *nouveau tableau* contenant uniquement les éléments pour lesquels la fonctionDeRappel renvoie true.
- reduce(fonctionDeRappel, valeurInitiale) : La fonctionDeRappel prend deux arguments principaux :

  ▸ accumulateur : La valeur accumulée (commence par valeurInitiale, si elle est fournie, ou le premier élément du tableau).
  ▸ valeurCourante : L'élément en cours de traitement.

  La fonctionDeRappel renvoie la *valeur mise à jour de l'accumulateur*. reduce() renvoie la valeur accumulée finale après avoir traité tous les éléments.

Ces méthodes, ainsi que d'autres méthodes de tableau d'ordre supérieur comme some(), every(), find() et findIndex(), sont incroyablement utiles pour travailler avec des tableaux de manière fonctionnelle et déclarative.

# 10.3  Contexte de fonction (mot-clé this revisité)

Le mot-clé this en JavaScript est une source fréquente de confusion, mais il est essentiel de le comprendre. this fait référence au *contexte* dans lequel une fonction est exécutée. Sa valeur est déterminée par *la façon dont la fonction est appelée*, et non par l'endroit où elle est définie (contrairement à la portée lexicale pour les variables).

## `this` dans le contexte global

Dans le contexte global (en dehors de toute fonction), `this` fait référence à l'objet global. Dans un navigateur web, l'objet global est `window`.

```
console.log(this); // Sortie : Window { ... } (dans un navigateur)
```

## `this` dans les méthodes d'objet

Lorsqu'une fonction est appelée comme une *méthode* d'un objet, `this` à l'intérieur de la méthode fait référence à l'*objet* lui-même.

```
let personne = {
  prenom: "Jean",
  nom: "Dupont",
  nomComplet: function() {
    return this.prenom + " " + this.nom;
  }
};

console.log(personne.nomComplet()); // Sortie : Jean Dupont (this fait référence
à personne)
```

## `this` dans les gestionnaires d'événements (plus de détails dans les chapitres sur le DOM)

Dans les gestionnaires d'événements (fonctions qui répondent à des événements comme les clics ou les pressions de touches), `this` fait souvent référence à l'élément qui a déclenché l'événement. Ceci sera couvert plus en détail lorsque nous aborderons le DOM (Document Object Model) dans les chapitres suivants.

## Définir explicitement `this` : `call()`, `apply()`, et `bind()`

JavaScript fournit trois méthodes qui vous permettent de définir *explicitement* la valeur de `this` lors de l'appel d'une fonction : `call()`, `apply()` et `bind()`.

- `call(thisArg, arg1, arg2, ...)` : Appelle une fonction avec une valeur `this` donnée et des arguments individuels.
- `apply(thisArg, [arg1, arg2, ...])` : Appelle une fonction avec une valeur `this` donnée et un *tableau* d'arguments.
- `bind(thisArg, arg1, arg2, ...)` : *Retourne une nouvelle fonction* qui, lorsqu'elle est appelée, a sa valeur `this` définie à la valeur fournie. Elle n'appelle *pas* immédiatement la fonction.

```
function saluer(salutation, ponctuation) {
  console.log(salutation + ", " + this.nom + ponctuation);
}

let personne1 = { nom: "Alice" };
let personne2 = { nom: "Bob" };

saluer.call(personne1, "Bonjour", " !"); // Sortie : Bonjour, Alice ! (this est
personne1)
saluer.call(personne2, "Salut", " ?"); // Sortie : Salut, Bob ? (this est
personne2)

saluer.apply(personne1, ["Coucou", "..."]); // Sortie : Coucou, Alice...
(arguments sous forme de tableau)

let saluerAlice = saluer.bind(personne1, "Bien le bonjour"); // Crée une
nouvelle fonction avec 'this' lié à personne1
saluerAlice(" !"); // Sortie : Bien le bonjour, Alice !
saluerAlice(" :)"); // Sortie : Bien le bonjour, Alice :)
```

call() et apply() sont *très similaires*. La seule différence est la façon dont ils gèrent les arguments de la fonction que vous appelez. *bind() crée une* nouvelle *fonction* avec une valeur this fixe, ce qui est utile pour créer des versions spécialisées de fonctions ou pour s'assurer qu'une fonction est toujours appelée avec le bon contexte.

## Fonctions fléchées et `this`

Les fonctions fléchées se comportent différemment avec this par rapport aux fonctions régulières. *Les fonctions fléchées n'ont pas leur propre liaison this.* Au lieu de cela, elles *héritent* de la valeur this de la *portée lexicale* environnante (la portée où la fonction fléchée est définie).

```
let monObjet = {
  valeur: 10,
  fonctionReguliere: function() {
    console.log(this.valeur); // this fait référence à monObjet
  },
  fonctionFlechee: () => {
    console.log(this.valeur); // this fait référence au contexte environnant
(probablement l'objet global)
  }
};

monObjet.fonctionReguliere(); // Sortie : 10
monObjet.fonctionFlechee(); // Sortie : undefined (ou une valeur de l'objet
global si valeur est défini globalement)
function MonObjet() {
  this.valeur = 10;
```

```
  this.fonctionReguliere = function() {
    console.log(this.valeur);
  };

  this.fonctionFlechee = () => {
    console.log("Fonction fléchée =" + this.valeur);
  };
}

const obj = new MonObjet();
obj.fonctionReguliere(); // Sortie: 10
obj.fonctionFlechee(); // Sortie: 10
```

Dans le premier exemple, `fonctionReguliere` est une fonction régulière, donc `this` à l'intérieur fait référence à `monObjet` lorsqu'elle est appelée comme `monObjet.fonctionReguliere()`. Cependant, `fonctionFlechee` est une fonction fléchée, donc son `this` est hérité de la portée lexicale environnante (qui est la portée globale dans ce cas, à moins que `monObjet` ne soit défini dans une autre fonction où `this` a une signification différente).

Dans le second exemple, `this` à l'intérieur du constructeur `MonObjet` fait référence à l'objet nouvellement créé. Et `this` dans la `fonctionFlechee` hérite de `this` du constructeur. Les fonctions fléchées sont souvent préférées dans les situations où vous souhaitez conserver la valeur `this` du contexte environnant, comme dans les callbacks ou les gestionnaires d'événements.

# 10.4    Résumé

Ce chapitre a couvert des concepts de fonctions avancés qui étendent considérablement vos capacités JavaScript. Vous avez appris la récursivité, une technique où les fonctions s'appellent elles-mêmes pour résoudre des problèmes. Vous avez exploré les fonctions d'ordre supérieur, qui prennent des fonctions comme arguments ou retournent des fonctions, permettant des techniques puissantes comme l'abstraction et la composition fonctionnelle. Nous avons revisité `map()`, `filter()`, et `reduce()`. Enfin, vous avez plongé dans les subtilités du mot-clé `this` et comment sa valeur est déterminée, y compris les différences entre les fonctions régulières et les fonctions fléchées, et comment contrôler explicitement `this` en utilisant `call()`, `apply()` et `bind()`. Dans le prochain chapitre, nous allons apprendre d'avantage sur les dates et le temps.

# 11

# Dates et heures

Travailler avec des dates et des heures est une exigence courante dans de nombreuses tâches de programmation, de la planification d'événements à l'affichage d'horodatages en passant par le calcul de durées. JavaScript fournit un objet `Date` intégré pour gérer les dates et les heures. Ce chapitre vous guidera à travers la création, la manipulation et le formatage des dates et des heures en JavaScript.

## 11.1   Création d'objets Date

L'objet `Date` est utilisé pour représenter un seul instant dans le temps. Vous créez un objet `Date` en utilisant le constructeur `new Date()`. Il existe plusieurs façons d'utiliser le constructeur :

## new Date()

- `new Date()` **(sans arguments)** : Crée un objet `Date` représentant la *date et l'heure actuelles* (selon l'horloge du système de l'utilisateur).

```
let maintenant = new Date();
console.log(maintenant); // Sortie : [Date et heure actuelles] (par exemple,
2023-10-27T14:35:00.000Z)
```

- `new Date(millisecondes)` **(avec timestamp)** : Crée un objet `Date` représentant la date et l'heure qui sont `millisecondes` millisecondes après le 1er janvier 1970, 00:00:00 UTC (l'époque Unix). Ceci est souvent appelé un *timestamp*.

```
let epoch = new Date(0); // 1er janvier 1970, 00:00:00 UTC
console.log(epoch); // Sortie : 1970-01-01T00:00:00.000Z
```

```
let uneDate = new Date(1678886400000); // Timestamp pour une date spécifique
console.log(uneDate); // Sortie : 2023-03-15T13:20:00.000Z
```

- new Date(chaineDate) **(avec chaîne de date)** : Crée un objet Date en analysant une *chaîne de date*. JavaScript prend en charge plusieurs formats de chaîne de date, mais il est préférable d'utiliser le format ISO 8601 (YYYY-MM-DDTHH:mm:ss.sssZ) pour la cohérence.

```
let date1 = new Date("2023-10-26");
console.log(date1); // Sortie : 2023-10-26T00:00:00.000Z (minuit à cette date)

let date2 = new Date("2024-01-15T10:30:00");
console.log(date2); // Sortie : 2024-01-15T10:30:00.000Z

let date3 = new Date("October 27, 2023 15:45:00"); // Format moins fiable,
l'analyse peut varier
console.log(date3); // Sortie: 2023-10-27T19:45:00.000Z
```

Soyez prudent avec les chaînes de date, car le comportement d'analyse peut varier selon les navigateurs et les locales. Le format ISO 8601 (YYYY-MM-DDTHH:mm:ss.sssZ) est le plus fiable.

- new Date(annee, mois, jour, heure, minute, seconde, milliseconde) **(avec composants individuels)** : Crée un objet Date avec l'année, le mois, le jour, l'heure, la minute, la seconde et la milliseconde spécifiés. Notez que *le mois est basé sur zéro* (0 = janvier, 1 = février, ..., 11 = décembre).

```
let date4 = new Date(2023, 9, 27); // 27 octobre 2023 (le mois est basé sur 0)
console.log(date4); // Sortie : 2023-10-27T00:00:00.000Z

let date5 = new Date(2024, 0, 15, 10, 30, 0); // 15 janvier 2024, 10:30:00
console.log(date5); // Sortie : 2024-01-15T10:30:00.000Z
```

Si vous omettez les composants temporels (heure, minute, seconde, milliseconde), ils sont par défaut à 0. Si vous omettez le jour, il est par défaut à 1.

# 11.2  Obtenir les composants de date et d'heure

Une fois que vous avez un objet Date, vous pouvez accéder à ses composants individuels (année, mois, jour, heure, etc.) en utilisant diverses méthodes d'obtention (getters) :

## getFullYear(), getMonth(), getDate(), getDay()

- getFullYear() : Renvoie l'année (4 chiffres).
- getMonth() : Renvoie le mois (0-11, où 0 = janvier).
- getDate() : Renvoie le jour du mois (1-31).
- getDay() : Renvoie le jour de la *semaine* (0-6, où 0 = dimanche, 1 = lundi... 6 = samedi).

```
let maDate = new Date(2023, 9, 27, 15, 45, 30); // 27 octobre 2023, 15:45:30

console.log(maDate.getFullYear()); // Sortie : 2023
console.log(maDate.getMonth()); // Sortie : 9 (octobre)
console.log(maDate.getDate()); // Sortie : 27
console.log(maDate.getDay()); // Sortie : 5 (vendredi)
```

## getHours(), getMinutes(), getSeconds(), getMilliseconds()

- getHours() : Renvoie l'heure (0-23).
- getMinutes() : Renvoie la minute (0-59).
- getSeconds() : Renvoie la seconde (0-59).
- getMilliseconds() : Renvoie la milliseconde (0-999).

```
console.log(maDate.getHours()); // Sortie : 15
console.log(maDate.getMinutes()); // Sortie : 45
console.log(maDate.getSeconds()); // Sortie : 30
console.log(maDate.getMilliseconds()); // Sortie : 0
```

### Méthodes UTC

JavaScript fournit également des versions UTC (Temps universel coordonné) de ces méthodes d'obtention. Ces méthodes renvoient les composants de date et d'heure en fonction de l'UTC, plutôt que du fuseau horaire local de l'utilisateur. Elles sont préfixées par getUTC.

```
console.log(maDate.getUTCFullYear()); // Sortie : 2023
console.log(maDate.getUTCMonth()); // Sortie : 9 (octobre)
console.log(maDate.getUTCDate()); // Sortie : 27
console.log(maDate.getUTCDay()); // Sortie : 5 (vendredi)
console.log(maDate.getUTCHours()); // Sortie : 15
console.log(maDate.getUTCMinutes()); // Sortie : 45
console.log(maDate.getUTCSeconds()); // Sortie : 30
```

Utilisez les méthodes UTC lorsque vous devez travailler avec des dates et des heures d'une manière indépendante du fuseau horaire.

# 11.3   Définir les composants de date et d'heure

Vous pouvez également *définir* (modifier) les composants individuels d'un objet Date en utilisant des méthodes de définition (setters) :

# setFullYear(), setMonth(), setDate(), etc.

- setFullYear(annee, [mois], [jour])
- setMonth(mois, [jour])
- setDate(jour)
- setHours(heure, [min], [sec], [ms])
- setMinutes(min, [sec], [ms])
- setSeconds(sec, [ms])
- setMilliseconds(ms)

Les arguments facultatifs entre crochets vous permettent de définir plusieurs composants à la fois.

```
let maDate = new Date(); // Commencer avec la date/heure actuelle
console.log(maDate)

maDate.setFullYear(2024); // Changer l'année en 2024
maDate.setMonth(0); // Changer le mois en janvier (basé sur 0)
maDate.setDate(15); // Changer le jour au 15
console.log(maDate); // Sortie : [date du 15-01-2024 à l'heure actuelle]

maDate.setHours(10);
maDate.setMinutes(30);
maDate.setSeconds(0);
console.log(maDate); // Sortie : 2024-01-15T10:30:00...
```

Comme pour les getters, il existe également des versions UTC des setters, préfixées par setUTC :
setUTCFullYear(), setUTCMonth(), setUTCDate(), etc.

## 11.4    Formatage des dates

L'objet Date fournit plusieurs méthodes pour formater les dates et les heures sous forme de chaînes de caractères, en tenant compte des paramètres régionaux de l'utilisateur (langue et paramètres régionaux) :

- toLocaleDateString([locales], [options]) : Formate la partie *date* de l'objet Date.
- toLocaleTimeString([locales], [options]) : Formate la partie *heure*.
- toLocaleString([locales], [options]) : Formate à la fois la date et l'heure.

Les arguments facultatifs locales et options vous donnent plus de contrôle sur le formatage.

```
let maDate = new Date(2023, 9, 27, 15, 45, 30); // 27 octobre 2023 15:45:30

// Formatage par défaut (basé sur les paramètres régionaux de l'utilisateur)
console.log(maDate.toLocaleDateString()); // Sortie : Varie (par exemple,
27/10/2023 en fr-FR)
```

```javascript
console.log(maDate.toLocaleTimeString()); // Sortie : Varie (par exemple,
15:45:30 en fr-FR)
console.log(maDate.toLocaleString()); // Sortie : Varie (par exemple, 27/10/2023
15:45:30 en fr-FR)

// Locale anglais américain
console.log(maDate.toLocaleDateString("en-US")); // Sortie : 10/27/2023
console.log(maDate.toLocaleTimeString("en-US")); // Sortie : 3:45:30 PM
console.log(maDate.toLocaleString("en-US")); // Sortie : 10/27/2023, 3:45:30 PM

// Locale français
console.log(maDate.toLocaleDateString("fr-FR")); // Sortie : 27/10/2023
console.log(maDate.toLocaleTimeString("fr-FR")); // Sortie : 15:45:30
console.log(maDate.toLocaleString("fr-FR")); // Sortie : 27/10/2023 15:45:30

// Options de formatage plus spécifiques
let options = {
  weekday: "long", // Nom complet du jour (par exemple, "vendredi")
  year: "numeric", // Année à 4 chiffres
  month: "long", // Nom complet du mois (par exemple, "octobre")
  day: "numeric", // Jour du mois
  hour: "numeric", // Heure
  minute: "2-digit", // Minutes avec zéro non significatif
  second: "2-digit", // Secondes avec zéro non significatif
  hour12: true // Utiliser l'horloge de 12 heures (AM/PM)
};

console.log(maDate.toLocaleString("fr-FR", options));
// Sortie : vendredi 27 octobre 2023 à 15:45:30 (exemple)
```

L'objet options vous permet de personnaliser le formatage en détail. Vous pouvez spécifier des choses comme :

- weekday : "narrow", "short", "long"
- year : "numeric", "2-digit"
- month : "numeric", "2-digit", "narrow", "short", "long"
- day : "numeric", "2-digit"
- hour : "numeric", "2-digit"
- minute : "numeric", "2-digit"
- second : "numeric", "2-digit"
- hour12 : true, false
- timeZone : "America/Los_Angeles", etc. (pour afficher les dates/heures dans des fuseaux horaires spécifiques)
- et beaucoup plus

Reportez-vous à la documentation MDN pour une liste complète des options. Ces méthodes de formatage offrent un moyen pratique d'afficher les dates et les heures de manière conviviale et adaptée aux paramètres régionaux, sans avoir à construire manuellement des chaînes de date/heure.

# 11.5   Arithmétique des dates

Vous pouvez effectuer des opérations arithmétiques sur les objets `Date`, principalement en travaillant avec leurs timestamps (millisecondes depuis l'époque).

```
let date1 = new Date(2023, 9, 27); // 27 octobre 2023
let date2 = new Date(2023, 9, 28); // 28 octobre 2023

let differenceEnMillisecondes = date2 - date1; // Soustraire les objets Date
directement
console.log(differenceEnMillisecondes); // Sortie : 86400000 (millisecondes dans
une journée)

let differenceEnSecondes = differenceEnMillisecondes / 1000;
console.log(differenceEnSecondes);  // Sortie: 86400
let differenceEnMinutes = differenceEnSecondes / 60;
console.log(differenceEnMinutes); // Sortie: 1440
let differenceEnHeures = differenceEnMinutes / 60
console.log(differenceEnHeures);  // Sortie: 24
let differenceEnJours = differenceEnHeures / 24;
console.log(differenceEnJours);    // Sortie: 1

// Ajouter des jours à une date :
let dateDebut = new Date(2023, 9, 27); // 27 octobre 2023
let dateFin = new Date(dateDebut); // Créer une copie pour éviter de modifier
l'original

dateFin.setDate(dateDebut.getDate() + 7); // Ajouter 7 jours
console.log(dateFin); // Sortie : 2023-11-03T00:00:00.000Z (3 novembre 2023)
```

Points clés :

- La soustraction de deux objets `Date` vous donne directement la différence en *millisecondes*.
- Vous pouvez convertir les millisecondes en d'autres unités (secondes, minutes, heures, jours) en divisant par les facteurs appropriés.
- Pour ajouter ou soustraire des jours, des mois, etc., il est préférable d'utiliser les méthodes `setDate()`, `setMonth()`, etc., sur une *copie* de la date d'origine (pour éviter de modifier l'original). La manipulation directe du timestamp peut être délicate en raison de choses comme les transitions d'heure d'été.

# 11.6 Utilisation de bibliothèques pour la manipulation de dates

Bien que l'objet `Date` intégré de JavaScript fournisse des fonctionnalités de base de date/heure, une manipulation et un formatage de date plus complexes peuvent devenir fastidieux. Plusieurs bibliothèques JavaScript populaires simplifient le travail avec les dates et les heures :

- **Moment.js** : Une bibliothèque mature et largement utilisée pour l'analyse, la validation, la manipulation et le formatage des dates. (Remarque : Moment.js est maintenant considéré comme un projet hérité en mode maintenance. L'équipe de Moment.js recommande des alternatives pour les nouveaux projets.)
- **date-fns** : Une bibliothèque moderne et modulaire qui fournit une large collection de fonctions pour la manipulation de dates. Elle est souvent préférée à Moment.js pour sa taille de bundle plus petite et son approche fonctionnelle.
- **Luxon** : Créée par l'un des mainteneurs de Moment.js, Luxon offre une API plus moderne et une meilleure prise en charge des fuseaux horaires.

Ces bibliothèques offrent des fonctionnalités telles que :

- Analyse plus robuste des chaînes de date.
- Arithmétique de date plus facile (ajouter/soustraire des jours, des mois, des années).
- Options de formatage plus complètes.
- Meilleure gestion des fuseaux horaires.
- Calculs de durée.
- Formatage de l'heure relative ("il y a 2 jours", "dans 3 heures").

Si vous vous retrouvez à faire beaucoup de manipulations complexes de date/heure, envisagez d'utiliser l'une de ces bibliothèques. Elles peuvent considérablement simplifier votre code et réduire le risque d'erreurs. Nous n'entrerons pas dans les détails dans ce chapitre, car ils sont externes à Javascript.

# 11.7 Résumé

Ce chapitre a fourni une base solide pour travailler avec les dates et les heures en JavaScript. Vous avez appris à créer des objets `Date` en utilisant diverses options de constructeur, à obtenir et à définir des composants de date et d'heure, à formater les dates et les heures pour l'affichage en utilisant des méthodes tenant compte des paramètres régionaux, à effectuer une arithmétique de date de base et vous avez brièvement abordé l'utilisation de bibliothèques externes. Gérer les dates et les heures peut devenir compliqué, mais comprendre les bases de l'objet `Date` et de ses méthodes, ainsi que savoir quand faire appel à une bibliothèque de date/heure, vous préparera au succès. Dans la partie suivante de ce livre, nous allons plonger dans l'interaction avec les pages Web en utilisant le Document Object Model (DOM).

# *12*
# Introduction au DOM

Jusqu'à présent, nous nous sommes concentrés sur le langage JavaScript lui-même. Maintenant, nous allons nous intéresser à la façon dont JavaScript interagit avec les pages Web dans un environnement de navigateur. C'est là que le *Document Object Model (DOM)* entre en jeu. Le DOM est un concept crucial pour le développement web frontal, car il permet à JavaScript d'accéder, de modifier et de mettre à jour dynamiquement le contenu, la structure et le style d'une page Web. En substance, le DOM est ce qui rend les pages Web interactives.

## 12.1    Qu'est-ce que le DOM (Document Object Model) ?

Le DOM est une *interface de programmation* pour les documents Web. Il représente la page comme une *structure arborescente* de nœuds, où chaque nœud correspond à une partie du document (par exemple, un élément HTML, un attribut, un nœud de texte). Considérez-le comme un arbre généalogique, mais pour le code HTML de votre page Web.

Lorsqu'un navigateur Web charge une page HTML, il analyse le code HTML et crée une arborescence DOM en mémoire. JavaScript peut alors accéder à cette arborescence et la manipuler pour modifier dynamiquement le contenu et l'apparence de la page *sans* nécessiter un rechargement complet de la page.

Voici une page HTML simple et sa représentation arborescente DOM correspondante :

HTML :

```
<!DOCTYPE html>
<html>
  <head>
    <title>Ma page Web</title>
  </head>
```

```
<body>
  <h1 id="titre-principal">Bienvenue !</h1>
  <p class="intro">Ceci est un paragraphe.</p>
  <ul>
    <li>Élément 1</li>
    <li>Élément 2</li>
  </ul>
</body>
</html>
```

**Arbre DOM (représentation simplifiée) :**

```
Document
└── html
     ├── head
     │    └── title
     │         └── #text "Ma page Web"
     └── body
          ├── h1 #titre-principal
          │    └── #text "Bienvenue !"
          ├── p .intro
          │    └── #text "Ceci est un paragraphe."
          └── ul
               ├── li
               │    └── #text "Élément 1"
               └── li
                    └── #text "Élément 2"
```

- **Document** : Le nœud racine de l'arbre, représentant l'ensemble du document.
- **Nœuds d'élément** : Représentent des éléments HTML (par exemple, `<html>`, `<head>`, `<body>`, `<h1>`, `<p>`, `<ul>`, `<li>`).
- **Nœuds d'attribut** : Représentent les attributs des éléments (par exemple, `id="titre-principal"`, `class="intro"`).
- **Nœuds de texte** : Représentent le contenu textuel des éléments (par exemple, "Bienvenue !", "Ceci est un paragraphe.").

JavaScript peut interagir avec ces nœuds pour :

- **Lire des informations** : Obtenir le contenu textuel d'un élément, la valeur d'un attribut, etc.
- **Modifier le contenu** : Changer le contenu textuel, ajouter ou supprimer des éléments, modifier les valeurs des attributs.
- **Modifier la structure** : Ajouter, supprimer ou réorganiser des éléments dans l'arbre.
- **Modifier le style** : Changer les styles CSS appliqués aux éléments.
- **Répondre aux événements** : Exécuter du code lorsque des événements se produisent (par exemple, un clic de bouton, une soumission de formulaire, un survol de souris).

## 12.2 La structure de l'arbre DOM

Clarifions les termes clés :

- **Nœud** : Le terme le plus général. Tout dans l'arbre DOM est un nœud.
- **Élément** : Un type spécifique de nœud qui représente un élément HTML (par exemple, `<p>`, `<div>`, `<h1>`). Les éléments peuvent avoir des attributs et contenir d'autres nœuds (y compris d'autres éléments et des nœuds de texte).
- **Attribut** : Une paire nom-valeur qui fournit des informations supplémentaires sur un élément (par exemple, `id`, `class`, `src`, `href`).
- **Nœud de texte** : Un nœud qui contient du contenu textuel.

Chaque nœud du DOM a des propriétés qui vous permettent de naviguer dans la structure arborescente :

- `parentNode` : Le nœud parent du nœud actuel (ou `null` s'il n'a pas de parent).
- `childNodes` : Une `NodeList` *active* (une collection similaire à un tableau) des enfants directs du nœud.
- `firstChild` : Le premier nœud enfant.
- `lastChild` : Le dernier nœud enfant.
- `nextSibling` : Le nœud frère suivant (le nœud suivant au même niveau dans l'arbre).
- `previousSibling` : Le nœud frère précédent.

Les éléments ont également souvent des propriétés supplémentaires pour plus de commodité:

- `children`: Une `HTMLCollection` *active* des éléments enfants directs du nœud.
- `firstElementChild` : Le premier élément enfant.
- `lastElementChild` : Le dernier élément enfant.
- `nextElementSibling` : L'élément frère suivant.
- `previousElementSibling` : L'élément frère précédent.

"Active" signifie qu'elles sont automatiquement mises à jour lorsque le DOM change.

## 12.3 Accéder aux éléments du DOM

Avant de pouvoir manipuler le DOM, vous devez *accéder* aux éléments avec lesquels vous voulez travailler. JavaScript fournit plusieurs méthodes pour sélectionner des éléments :

### getElementById()

Cette méthode renvoie l'élément avec l'attribut `id` *unique* spécifié. C'est l'un des moyens les plus courants et les plus efficaces d'obtenir un seul élément.

```
<h1 id="titre-principal">Bienvenue !</h1>

<script>
```

```
  let titre = document.getElementById("titre-principal");
  console.log(titre); // Sortie : <h1 id="titre-principal">Bienvenue !</h1>
  console.log(titre.textContent); // Sortie : Bienvenue !
</script>
```

- document.getElementById("valeur-id") renvoie l'élément avec l'id correspondant (ou null si aucun élément de ce type n'existe).
- Les ID *doivent être uniques* dans le document.

# getElementsByClassName()

Cette méthode renvoie une HTMLCollection *active* de tous les éléments avec le nom de *classe* spécifié.

```
<p class="intro">Ceci est le premier paragraphe.</p>
<p class="intro">Ceci est le deuxième paragraphe.</p>
<p>Ceci est un paragraphe normal.</p>

<script>
  let paragraphesIntro = document.getElementsByClassName("intro");
  console.log(paragraphesIntro); // Sortie : HTMLCollection(2) [p.intro,
p.intro]
  console.log(paragraphesIntro.length); // Sortie : 2

  // Itérer à travers la collection :
  for (let i = 0; i < paragraphesIntro.length; i++) {
    console.log(paragraphesIntro[i].textContent);
  }
  // Sortie :
  // Ceci est le premier paragraphe.
  // Ceci est le deuxième paragraphe.
</script>
```

- document.getElementsByClassName("nom-de-classe") renvoie une HTMLCollection (semblable à un tableau mais pas un vrai tableau).
- La HTMLCollection est *active* - elle se met à jour automatiquement si des éléments avec la classe spécifiée sont ajoutés ou supprimés du document.

# getElementsByTagName()

Cette méthode renvoie une HTMLCollection *active* de tous les éléments avec le *nom de balise* spécifié (par exemple, "p", "div", "h1").

```
<ul>
  <li>Élément 1</li>
  <li>Élément 2</li>
```

```
    <li>Élément 3</li>
</ul>

<script>
  let elementsListe = document.getElementsByTagName("li");
  console.log(elementsListe); // Sortie : HTMLCollection(3) [li, li, li]

  for (let element of elementsListe) { // Utiliser for...of pour itérer
    console.log(element.textContent);
  }
  // Sortie :
  // Élément 1
  // Élément 2
  // Élément 3
</script>
```

- document.getElementsByTagName("nom-de-balise") renvoie une HTMLCollection.

# querySelector() et querySelectorAll()

Ces méthodes (introduites plus récemment) sont puissantes et polyvalentes. Elles vous permettent de sélectionner des éléments en utilisant des *sélecteurs CSS*.

- querySelector(selecteur) : Renvoie le *premier* élément qui correspond au sélecteur CSS spécifié (ou null si aucune correspondance n'est trouvée).
- querySelectorAll(selecteur) : Renvoie une NodeList *statique* de *tous* les éléments qui correspondent au sélecteur.

```
<div id="conteneur">
  <p class="surligne">Premier paragraphe.</p>
  <p>Deuxième paragraphe.</p>
  <p class="surligne">Troisième paragraphe.</p>
</div>

<script>
  // Sélectionner le premier élément avec la classe "surligne"
  let premierSurligne = document.querySelector(".surligne"); // Sélecteur de
classe CSS
  console.log(premierSurligne.textContent); // Sortie : Premier paragraphe.

  // Sélectionner l'élément avec l'id "conteneur"
  let conteneur = document.querySelector("#conteneur"); // Sélecteur d'ID CSS
  console.log(conteneur); // Sortie : <div id="conteneur">...</div>

  // Sélectionner le premier paragraphe *à l'intérieur* de la div conteneur
  let premierParagraphe = conteneur.querySelector("p");
  console.log(premierParagraphe.textContent); // Sortie : Premier paragraphe.
```

```
    // Sélectionner *tous* les éléments avec la classe "surligne"
    let tousLesSurlignes = document.querySelectorAll(".surligne"); // NodeList
statique
    console.log(tousLesSurlignes.length); // Sortie : 2

    // Itérer en utilisant for...of ou forEach() (NodeList prend en charge
forEach) :
    tousLesSurlignes.forEach(function(element) {
      console.log(element.textContent);
    });
    // Sortie :
    // Premier paragraphe.
    // Troisième paragraphe.

    // Sélectionner tous les éléments 'li' à l'intérieur d'un 'ul'
    let elementsDeListe = document.querySelectorAll("ul > li");
</script>
```

- querySelector() et querySelectorAll() utilisent la syntaxe des sélecteurs CSS, vous permettant de sélectionner des éléments en fonction du nom de la balise, de la classe, de l'ID, des attributs, et plus encore. Cela offre un moyen très flexible de cibler des éléments spécifiques ou des groupes d'éléments.
- querySelectorAll() renvoie une NodeList. Contrairement à HTMLCollection, une NodeList n'est généralement *pas active* (c'est un instantané des éléments au moment où la méthode a été appelée).

## Naviguer dans l'arbre DOM

Une fois que vous avez sélectionné un élément, vous pouvez naviguer vers les éléments associés en utilisant les propriétés de navigation de l'arbre DOM :

```
<div id="parent">
  <p id="enfant1">Enfant 1</p>
  <p id="enfant2">Enfant 2</p>
</div>

<script>
  let enfant1 = document.getElementById("enfant1");
  let parent = enfant1.parentNode; // Obtenir l'élément parent
  console.log(parent.id); // Sortie : parent

  let enfant2 = enfant1.nextElementSibling; // Obtenir le frère suivant
  console.log(enfant2.id); // Sortie : enfant2

  let enfants = parent.children; // Obtenir tous les éléments enfants
```

```
    console.log(enfants.length); // Sortie : 2

    let premierEnfant = parent.firstElementChild;
    console.log(premierEnfant.id); // Sortie: enfant1
</script>
```

# 12.4  Modification du DOM

Après avoir accédé aux éléments du DOM, vous pouvez les modifier de différentes manières :

## Modification du contenu des éléments

- textContent : Obtient ou définit le contenu *texte* d'un élément et de ses descendants. Il récupère et définit du *texte brut*, sans aucune balise HTML.

```
let titre = document.getElementById("titre-principal");
console.log(titre.textContent); // Sortie : Bienvenue !

titre.textContent = "Nouveau texte du titre"; // Changer le contenu textuel
console.log(titre.textContent); // Sortie : Nouveau texte du titre
```

- innerHTML : Obtient ou définit le contenu *HTML* d'un élément. Cela inclut toutes les balises HTML à l'intérieur de l'élément.

```
let paragraphe = document.querySelector(".intro");
console.log(paragraphe.innerHTML);
paragraphe.innerHTML = "Ceci est un texte <strong>en gras</strong>."; // Changer
le contenu HTML
console.log(paragraphe.innerHTML); // Sortie : Ceci est un texte <strong>en
gras</strong>.
```

*Soyez prudent* lorsque vous utilisez innerHTML pour définir du contenu, en particulier si le contenu provient de la saisie de l'utilisateur. Définir innerHTML avec des données non fiables peut créer des vulnérabilités de sécurité (attaques de scripts intersites ou XSS). Si vous définissez simplement du texte brut, textContent est plus sûr et souvent plus rapide.

## Modification des attributs

- getAttribute(nomAttribut) : Renvoie la valeur de l'attribut spécifié.
- setAttribute(nomAttribut, valeur) : Définit la valeur de l'attribut spécifié. Si l'attribut existe déjà, sa valeur est mise à jour ; sinon, un nouvel attribut est ajouté.
- removeAttribute(nomAttribut) : Supprime l'attribut spécifié.

```
<img id="monImage" src="ancienne-image.jpg" alt="Ancienne image" />
```

```
let image = document.getElementById("monImage");

let srcActuel = image.getAttribute("src");
console.log(srcActuel); // Sortie : ancienne-image.jpg

image.setAttribute("src", "nouvelle-image.png"); // Changer la source de l'image
image.setAttribute("alt", "Nouvelle image"); // Changer le texte alternatif
console.log(image.getAttribute("src")); // Sortie : nouvelle-image.png

image.removeAttribute("alt"); // Supprimer l'attribut alt
```

Certains attributs peuvent également être accédés et modifiés directement en tant que propriétés de l'objet élément (par exemple, `image.src`, `image.alt`, `lien.href`). Cependant, `getAttribute()` et `setAttribute()` sont plus généraux et fonctionnent pour tous les attributs, y compris les attributs personnalisés.

## Création et ajout d'éléments

- `document.createElement(nomDeBalise)` : Crée un nouvel élément du nom de balise spécifié (mais ne l'ajoute pas encore au DOM).
- `elementParent.appendChild(nouvelElement)` : Ajoute `nouvelElement` comme *dernier enfant* de `elementParent`.
- `elementParent.insertBefore(nouvelElement, elementReference)` : Insère `nouvelElement` *avant* `elementReference` à l'intérieur de `elementParent`.
- `elementParent.removeChild(elementEnfant)` : Supprime `elementEnfant` de `elementParent`.

```
// Créer un nouvel élément paragraphe
let nouveauParagraphe = document.createElement("p");
nouveauParagraphe.textContent = "Ceci est un paragraphe créé dynamiquement.";

// Obtenir une référence à un élément existant (par exemple, le body)
let corps = document.body;

// Ajouter le nouveau paragraphe au body (l'ajouter à la fin)
corps.appendChild(nouveauParagraphe);

// Créer un nouvel élément de liste
let nouvelElementListe = document.createElement("li");
nouvelElementListe.textContent = "Nouvel élément de liste";

// Obtenir une référence à l'élément ul
//   <ul>
//       <li>Élément 1</li>
//       <li>Élément 2</li>
//   </ul>
```

```
let ul = document.querySelector("ul");

// Insérer le nouvel élément de liste *avant* le premier élément de liste
existant.
ul.insertBefore(nouvelElementListe, ul.firstElementChild);

// Supprimer le premier élément de la liste.
let elementASupprimer = document.querySelector("li");
ul.removeChild(elementASupprimer);
```

# Modification des styles CSS

Vous pouvez modifier directement les styles en ligne d'un élément en utilisant la propriété `style`.

```
<p id="monParagraphe" style="color: blue;">Ceci est un paragraphe.</p>
let paragraphe = document.getElementById("monParagraphe");
console.log(paragraphe.style.color); // Sortie : blue
paragraphe.style.color = "red"; // Changer la couleur du texte
paragraphe.style.fontSize = "18px"; // Changer la taille de la police
paragraphe.style.backgroundColor = "yellow"; // Ajouter une couleur de fond

console.log(paragraphe.style.color); // Sortie : red
```

- La propriété `style` est un objet qui représente les styles *en ligne* de l'élément.
- Les noms de propriétés CSS avec des tirets (par exemple, `font-size`) sont convertis en camel case en JavaScript (par exemple, `fontSize`).
- Définir une propriété de style sur une chaîne vide ("") supprime ce style en ligne.

La modification directe des styles avec la propriété `style` ajoute des styles *en ligne* à l'élément. Cela remplace les styles définis dans les feuilles de style externes ou les balises `<style>`, mais il est généralement préférable de gérer les styles en utilisant des classes CSS pour une meilleure maintenabilité (voir la section suivante).

# Travailler avec les classes

Au lieu de manipuler directement les styles en ligne, il est souvent préférable d'ajouter ou de supprimer des classes CSS pour contrôler l'apparence d'un élément. Cela permet de mieux séparer votre JavaScript et votre CSS et facilite la gestion des styles. La propriété `classList` fournit des méthodes pour travailler avec les classes d'un élément.

- `classList.add(nomDeClasse)` : Ajoute la classe spécifiée à l'élément.
- `classList.remove(nomDeClasse)` : Supprime la classe spécifiée.
- `classList.toggle(nomDeClasse)` : Bascule la classe - l'ajoute si elle n'est pas présente, la supprime si elle l'est.

- `classList.contains(nomDeClasse)` : Renvoie true si l'élément a la classe spécifiée, false sinon.

```
<p id="monElement" class="classe-initiale">Ceci est un élément.</p>

<style>
  .surligne {
    background-color: yellow;
  }
  .gras {
    font-weight: bold;
  }
</style>
let element = document.getElementById("monElement");

element.classList.add("surligne"); // Ajouter la classe "surligne"
console.log(element.className); // Sortie : classe-initiale surligne

element.classList.remove("classe-initiale"); // Supprimer la classe "classe-initiale"
console.log(element.className); // Sortie : surligne

element.classList.toggle("gras"); // Ajouter la classe "gras" (elle n'est pas présente)
console.log(element.className); // Sortie : surligne gras

element.classList.toggle("gras"); // Supprimer la classe "gras" (elle est maintenant présente)
console.log(element.className); // Sortie : surligne

console.log(element.classList.contains("surligne")); // Sortie : true
console.log(element.classList.contains("autre-classe")); // Sortie : false
```

L'utilisation de `classList` est généralement la méthode préférée pour gérer l'apparence d'un élément, car elle favorise la séparation des préoccupations (HTML pour la structure, CSS pour la présentation, JavaScript pour le comportement).

# 12.5 Résumé

Ce chapitre a fourni une introduction complète au Document Object Model (DOM), la base du développement Web interactif avec JavaScript. Vous avez appris ce qu'est le DOM, comment il représente une page Web sous forme d'arbre de nœuds, et comment accéder et modifier les éléments du DOM en utilisant diverses méthodes JavaScript. Comprendre les concepts fondamentaux de l'arbre DOM, la capacité de manipuler le contenu des éléments, les attributs, les styles et d'ajouter/supprimer des éléments vous permettra de créer des expériences Web dynamiques et interactives. Dans le prochain chapitre, nous explorerons comment réagir aux interactions des utilisateurs en utilisant les événements.

# 13

# Événements

Dans le chapitre précédent, nous avons appris comment accéder et manipuler le DOM, ce qui nous permet de modifier le contenu et l'apparence des pages Web de manière dynamique. Maintenant, nous allons explorer comment rendre nos pages Web *interactives* en répondant aux actions de l'utilisateur et à d'autres événements. Les *événements* sont des actions ou des occurrences qui se produisent dans le navigateur, comme un utilisateur cliquant sur un bouton, déplaçant la souris, appuyant sur une touche, soumettant un formulaire ou la page finissant de se charger. JavaScript nous permet d'*écouter* ces événements et d'exécuter du code en réponse, rendant nos pages Web dynamiques et réactives.

## 13.1    Que sont les événements ?

Un événement est un signal que quelque chose s'est produit. Voici quelques exemples courants d'événements :

- **Événements d'interaction utilisateur :**
  - ▶ `click` : L'utilisateur clique sur un élément.
  - ▶ `dblclick` : L'utilisateur double-clique sur un élément.
  - ▶ `mousedown` : L'utilisateur appuie sur un bouton de la souris.
  - ▶ `mouseup` : L'utilisateur relâche un bouton de la souris.
  - ▶ `mouseover` : Le pointeur de la souris passe sur un élément.
  - ▶ `mouseout` : Le pointeur de la souris quitte un élément.
  - ▶ `mousemove` : Le pointeur de la souris se déplace sur un élément.
  - ▶ `keydown` : L'utilisateur appuie sur une touche.
  - ▶ `keyup` : L'utilisateur relâche une touche.
  - ▶ `keypress` : L'utilisateur appuie et relâche une touche (obsolète en faveur de `keydown` et `keyup`).
  - ▶ `focus` : Un élément reçoit le focus (par exemple, un champ de texte est cliqué).

- ▸ `blur` : Un élément perd le focus.
- ▸ `change` : La valeur d'un élément change (par exemple, un champ de texte, une liste déroulante, une case à cocher).
- ▸ `submit` : Un formulaire est soumis.
- ▸ `scroll` : L'utilisateur fait défiler la page ou un élément.
- ▸ `resize`: La fenêtre du navigateur est redimensionnée.
- ▸ `touchstart`
- ▸ `touchmove`
- ▸ `touchend`
- ▸ `touchcancel`
- **Événements de chargement de page :**

  - ▸ `load` : La page et toutes ses ressources (images, etc.) ont fini de se charger.
  - ▸ `DOMContentLoaded` : Le document HTML initial a été complètement chargé et analysé (l'arbre DOM est prêt), sans attendre que les feuilles de style, les images et les sous-cadres aient fini de se charger.
  - ▸ `unload` : La page est sur le point d'être déchargée.
  - ▸ `beforeunload` : La page est sur le point d'être déchargée, mais l'utilisateur peut encore annuler le déchargement.
- **Événement d'erreur**

  - ▸ `error`
- **Autres événements** : Il existe de nombreux autres événements liés aux requêtes réseau, à la lecture de médias, aux animations, etc.

Lorsqu'un événement se produit, le navigateur crée un *objet événement* qui contient des informations sur l'événement (par exemple, quel élément a été cliqué, quelle touche a été enfoncée, les coordonnées de la souris). Cet objet événement est passé comme argument à la fonction qui gère l'événement (le *gestionnaire d'événements*).

# 13.2    Gestionnaires d'événements

Un gestionnaire d'événements est une fonction qui est exécutée lorsqu'un événement spécifique se produit. Vous "attachez" un gestionnaire d'événements à un élément pour dire au navigateur d'appeler cette fonction lorsque l'événement se produit sur cet élément. Il existe trois façons principales d'attacher des gestionnaires d'événements en JavaScript :

## Gestionnaires d'événements en ligne (déconseillé)

Vous pouvez intégrer directement du code JavaScript dans un attribut HTML. C'est la méthode la plus ancienne et la moins recommandée.

```
<button onclick="alert('Vous m'avez cliqué !')">Cliquez-moi</button>
```

- L'attribut `onclick` contient le code JavaScript à exécuter lorsque le bouton est cliqué.

- Cette approche mélange HTML et JavaScript, ce qui rend le code plus difficile à maintenir et à lire. Elle a également des limitations en termes de code que vous pouvez exécuter.

**Inconvénients des gestionnaires en ligne :**

- **Mauvaise séparation des préoccupations** : Mélange HTML et JavaScript, ce qui rend le code plus difficile à maintenir.
- **Fonctionnalité limitée** : Ne peut exécuter que des expressions JavaScript simples.
- **Difficile à déboguer** : Les erreurs dans les gestionnaires en ligne peuvent être plus difficiles à localiser.
- **Problèmes de sécurité** : Peut être plus vulnérable aux attaques de scripts intersites (XSS) s'il n'est pas géré avec soin.

## Utilisation des propriétés JavaScript

Vous pouvez affecter une fonction à la propriété de gestionnaire d'événements d'un élément (par exemple, `onclick`, `onmouseover`, `onload`).

```
<button id="monBouton">Cliquez-moi</button>
<script>
  let bouton = document.getElementById("monBouton");

  bouton.onclick = function() {
    alert("Bouton cliqué !");
  };
</script>
```

- Nous obtenons une référence à l'élément bouton en utilisant `getElementById()`.
- Nous affectons une fonction à la propriété `onclick` de l'objet bouton. Cette fonction sera exécutée lorsque le bouton sera cliqué.

Cette approche est meilleure que les gestionnaires en ligne car elle sépare le JavaScript du HTML. Cependant, elle ne vous permet d'attacher qu'*un seul* gestionnaire d'événements pour un type d'événement donné à un élément donné. Si vous affectez une autre fonction à `bouton.onclick`, elle *écrasera* la précédente.

## La méthode `addEventListener()` (l'approche recommandée)

La méthode `addEventListener()` est le moyen le plus flexible et le plus recommandé d'attacher des gestionnaires d'événements. Elle vous permet d'attacher *plusieurs* gestionnaires pour le même type d'événement au même élément, et elle offre plus de contrôle sur la gestion des événements.

```
element.addEventListener(typeEvenement, gestionnaireEvenement, [useCapture]);
```

- `element` : L'élément DOM auquel vous attachez l'écouteur d'événements.

- typeEvenement : Une chaîne de caractères spécifiant le type d'événement à écouter (par exemple, "click", "mouseover", "keydown"). *N'incluez pas* le préfixe "on".
- gestionnaireEvenement : La fonction à exécuter lorsque l'événement se produit. Cette fonction recevra l'*objet événement* comme argument.
- useCapture : (Facultatif) Une valeur booléenne qui détermine si l'on utilise la capture d'événements ou la propagation (expliqué plus tard). Par défaut, false (propagation).

```
<button id="monBouton">Cliquez-moi</button>
<script>
  let bouton = document.getElementById("monBouton");

  function gererClic() {
    alert("Bouton cliqué (gestionnaire 1) !");
  }

  function autreGestionnaireDeClic(evenement) {
    console.log("Bouton cliqué (gestionnaire 2) !");
    console.log("Type d'événement :", evenement.type);
    console.log("Élément cible :", evenement.target);
  }

  // Attacher plusieurs écouteurs d'événements au même bouton
  bouton.addEventListener("click", gererClic);
  bouton.addEventListener("click", autreGestionnaireDeClic);
</script>
```

Dans cet exemple, cliquer sur le bouton exécutera *à la fois* gererClic et autreGestionnaire-DeClic, dans l'ordre où ils ont été ajoutés.

## Suppression des écouteurs d'événements avec removeEventListener()

Il est important de pouvoir supprimer les écouteurs d'événements lorsqu'ils ne sont plus nécessaires, en particulier dans les applications de longue durée ou les applications monopages (SPA). Cela permet d'éviter les fuites de mémoire et les comportements inattendus.

```
element.removeEventListener(typeEvenement, gestionnaireEvenement, [useCapture]);
```

*Les arguments de removeEventListener() doivent être exactement les mêmes que ceux utilisés pour ajouter l'écouteur.* Cela signifie que vous devez généralement utiliser des fonctions nommées (et non des fonctions anonymes) pour vos gestionnaires d'événements si vous prévoyez de les supprimer plus tard.

```
let btn = document.querySelector("button");
function uneFois() {
```

```
    console.log("Fait.");
    btn.removeEventListener("click", uneFois);
}

btn.addEventListener("click", uneFois);
```

Dans cet exemple, l'événement sera supprimé une fois que le bouton aura été cliqué.

# 13.3     Types d'événements courants

Voici quelques-uns des types d'événements les plus couramment utilisés, classés pour plus de clarté :

## Événements de souris

- `click` : Se produit lorsque l'utilisateur clique sur un élément.
- `dblclick` : Se produit lorsque l'utilisateur double-clique sur un élément.
- `mousedown` : Se produit lorsqu'un bouton de la souris est enfoncé sur un élément.
- `mouseup` : Se produit lorsqu'un bouton de la souris est relâché sur un élément.
- `mouseover` : Se produit lorsque le pointeur de la souris entre dans un élément.
- `mouseout` : Se produit lorsque le pointeur de la souris quitte un élément.
- `mousemove` : Se produit lorsque le pointeur de la souris se déplace sur un élément.
- `contextmenu` : Se produit lorsque l'utilisateur clique avec le bouton droit sur un élément pour ouvrir un menu contextuel.

## Événements de clavier

- `keydown` : Se produit lorsqu'une touche est enfoncée.
- `keyup` : Se produit lorsqu'une touche est relâchée.
- `keypress` : Se produit lorsqu'une touche est enfoncée et relâchée (généralement, utilisez plutôt keydown et keyup).

## Événements de formulaire

- `submit` : Se produit lorsqu'un formulaire est soumis.
- `change` : Se produit lorsque la valeur d'un élément de saisie (champ de texte, select, case à cocher, bouton radio) change.
- `focus` : Se produit lorsqu'un élément reçoit le focus (par exemple, un champ de texte est cliqué ou atteint par tabulation).
- `blur` : Se produit lorsqu'un élément perd le focus.
- `input` : Se produit lorsque la valeur d'un élément `<input>`, `<select>` ou `<textarea>` a été modifiée.

## Événements de fenêtre

- `load` : Se produit lorsque la page entière et ses ressources (images, etc.) ont été complètement chargées.
- `DOMContentLoaded` : Se produit lorsque le document HTML initial a été complètement chargé et analysé.
- `resize` : Se produit lorsque la fenêtre du navigateur est redimensionnée.
- `scroll` : Se produit lorsque l'utilisateur fait défiler la page ou un élément avec des barres de défilement.

# 13.4    L'objet événement

Lorsqu'un événement se produit, le navigateur crée un *objet événement* qui contient des informations sur l'événement. Cet objet est passé comme argument à la fonction de gestionnaire d'événements.

## Propriétés de l'événement

L'objet événement possède diverses propriétés qui fournissent des détails sur l'événement. Certaines des propriétés les plus courantes incluent :

- `type` : Le type d'événement (par exemple, "click", "keydown", "mouseover").
- `target` : L'élément qui a *déclenché* l'événement (l'élément sur lequel l'événement s'est produit). Ce n'est pas toujours le même que l'élément auquel l'écouteur d'événements est attaché (voir la propagation d'événements/capture plus loin).
- `currentTarget` : L'élément auquel l'écouteur d'événements est *actuellement* attaché.
- `clientX` / `clientY` : Les coordonnées X et Y du pointeur de la souris *par rapport à la fenêtre du navigateur* (pour les événements de souris).
- `offsetX` / `offsetY` : Les coordonnées X et Y du pointeur de la souris par rapport à l'*élément cible*.
- `screenX` / `screenY` : Les coordonnées X et Y du pointeur de la souris *par rapport à l'écran*.
- `key` : (Pour les événements de clavier) La représentation sous forme de chaîne de la touche enfoncée (par exemple, "a", "Enter", "Shift").
- `code` : (Pour les événements de clavier) Une chaîne représentant la touche physique enfoncée, indépendamment des modificateurs (comme Maj) (par exemple, "KeyA", "Enter", "ShiftLeft").
- `keyCode` : (Pour les événements de clavier - obsolète, mais encore largement utilisé) Un code numérique représentant la touche enfoncée. *Utilisez plutôt key ou code*.
- `altKey` / `ctrlKey` / `shiftKey` / `metaKey` : Valeurs booléennes indiquant si les touches Alt, Ctrl, Maj ou Méta (Cmd sur macOS, touche Windows sur Windows) étaient enfoncées pendant l'événement.
- `button` : (Pour les événements souris) Indique quel bouton de la souris a été enfoncé (0 : gauche, 1 : milieu, 2 : droit).

- bubbles: Indique si l'événement se propage vers le haut à travers l'arbre DOM (expliqué plus loin).
- cancelable: Vérifie si l'action par défaut peut être empêchée.

```
let bouton = document.getElementById("monBouton");

bouton.addEventListener("click", function(evenement) {
  console.log("Type d'événement :", evenement.type); // Sortie : click
  console.log("Élément cible :", evenement.target); // Sortie : <button
id="monBouton">Cliquez-moi</button>
  console.log("Client X :", evenement.clientX); // Sortie : Coordonnée X du clic
de souris
  console.log("Client Y :", evenement.clientY); // Sortie : Coordonnée Y du clic
de souris
  console.log("Valeur du bouton :", event.button); // Sortie : 0 signifie clic
gauche
});

document.addEventListener("keydown", function(evenement) {
  console.log("Touche enfoncée :", evenement.key); // Sortie : La touche qui a
été enfoncée (par exemple, "a")
  console.log("Code de la touche :", evenement.code); // Sortie: "KeyA"
  console.log("Touche Maj enfoncée :", evenement.shiftKey); // Sortie : true ou
false
});
```

## Empêcher le comportement par défaut

Certains événements ont des *comportements par défaut* qui leur sont associés. Par exemple :

- Cliquer sur un lien navigue vers l'URL du lien.
- Soumettre un formulaire envoie les données du formulaire au serveur.
- Appuyer sur le bouton droit de la souris ouvre un menu contextuel.

Vous pouvez empêcher ces comportements par défaut en utilisant la méthode `preventDefault()` de l'objet événement.

```
<a href="https://www.example.com" id="monLien">Visitez Example</a>
let lien = document.getElementById("monLien");

lien.addEventListener("click", function(evenement) {
  evenement.preventDefault(); // Empêcher le lien de naviguer
  console.log("Lien cliqué, mais la navigation par défaut est empêchée.");
});
```

Dans cet exemple, cliquer sur le lien *n'entraînera pas* la navigation vers `https://www.example.com` car nous avons appelé `evenement.preventDefault()`.

Autre exemple:

```
<form id="monFormulaire">
    <input type="text" name="nom" /><br /><br />
    <button type="submit">Soumettre</button>
</form>
let formulaire = document.getElementById("monFormulaire");

formulaire.addEventListener("submit", function (evenement) {
    evenement.preventDefault();
    console.log("Formulaire soumis, mais comportement par défaut empêché");
});
```

## Arrêter la propagation des événements

La propagation des événements fait référence à l'ordre dans lequel les gestionnaires d'événements sont appelés lorsqu'un événement se produit sur un élément imbriqué dans d'autres éléments. Il existe deux phases principales de propagation des événements :

- **Phase de capture** : (Rarement utilisée en pratique) Les gestionnaires d'événements sur les éléments *ancêtres* sont appelés *avant* les gestionnaires d'événements sur l'élément cible. L'événement "descend" l'arbre DOM.
- **Phase de propagation (bubbling)** : (Par défaut et la plus courante) Les gestionnaires d'événements sur l'élément *cible* sont appelés *en premier*, puis les gestionnaires d'événements sur les éléments *ancêtres* sont appelés, dans l'ordre, de la cible jusqu'à document et window. L'événement "remonte" l'arbre DOM.

# 13.5    Propagation des événements : propagation et capture

Lorsqu'un événement se produit sur un élément HTML, cet événement ne se produit pas uniquement sur cet élément. Il passe par trois phases :

1. **Phase de capture** : L'événement descend l'arbre DOM de la fenêtre à l'élément cible. Les écouteurs d'événements attachés dans la phase de capture sont déclenchés en premier.
2. **Phase cible** : L'événement atteint l'élément cible (l'élément où l'événement a eu lieu). Les écouteurs d'événements attachés directement à l'élément cible sont déclenchés.
3. **Phase de propagation (bubbling)** : L'événement "remonte" l'arbre DOM, de l'élément cible à la fenêtre. Les écouteurs d'événements attachés dans la phase de propagation sont déclenchés en dernier.

La plupart du temps, vous travaillerez avec la phase de propagation. Cependant, comprendre à la fois la capture et la propagation est important pour contrôler la façon dont les événements sont gérés, en particulier dans les structures DOM complexes.

# Propagation (bubbling)

Imaginez que vous avez des éléments HTML imbriqués comme ceci :

```
<div id="exterieur">
  <div id="interieur">
    <button id="monBouton">Cliquez-moi</button>
  </div>
</div>
```

Si vous cliquez sur le bouton, l'événement `click` se produit *d'abord* sur l'élément `<button>` (la cible). Ensuite, il *remonte* au parent (`<div id="interieur">`), puis à son parent (`<div id="exterieur">`), et ainsi de suite, jusqu'à `document` et `window`.

```
let exterieur = document.getElementById("exterieur");
let interieur = document.getElementById("interieur");
let bouton = document.getElementById("monBouton");

bouton.addEventListener("click", function(evenement) {
  console.log("Bouton cliqué (cible)");
});

interieur.addEventListener("click", function(evenement) {
  console.log("Div intérieur cliqué (propagation)");
});

exterieur.addEventListener("click", function(evenement) {
  console.log("Div extérieur cliqué (propagation)");
});

document.addEventListener("click", function(evenement) {
  console.log("Document cliqué (propagation)");
});
//sortie :
// Bouton cliqué (cible)
// Div intérieur cliqué (propagation)
// Div extérieur cliqué (propagation)
// Document cliqué (propagation)
```

C'est la propagation en action. L'événement "remonte" l'arbre DOM, déclenchant les écouteurs d'événements attachés aux éléments ancêtres. Notez que les écouteurs d'événements sont déclenchés dans l'ordre où ils apparaissent dans l'arbre DOM, en remontant.

# Capture

La capture est l'opposé de la propagation. L'événement descend *vers le bas* de l'arbre DOM *avant* d'atteindre l'élément cible. Pour utiliser la capture, vous définissez le troisième argument de addEventListener() à true.

```
let exterieur = document.getElementById("exterieur");
let interieur = document.getElementById("interieur");
let bouton = document.getElementById("monBouton");

bouton.addEventListener("click", function(evenement) {
    console.log("Bouton cliqué (cible)");
  }, false); // false est la valeur par défaut (propagation)

interieur.addEventListener("click", function(evenement) {
    console.log("Div intérieur cliqué (capture)");
}, true); // true = utiliser la capture

exterieur.addEventListener("click", function(evenement) {
    console.log("Div extérieur cliqué (capture)");
  }, true);

document.addEventListener("click", function(evenement) {
    console.log("Document cliqué (capture)");
  }, true);

// Sortie lorsque vous cliquez sur le bouton :
// Document cliqué (capture)
// Div extérieur cliqué (capture)
// Div intérieur cliqué (capture)
// Bouton cliqué (cible)
```

Notez que les écouteurs de capture sont déclenchés *avant* l'écouteur de la cible, et l'ordre est inversé par rapport à la propagation : du haut de l'arbre DOM vers le bas jusqu'à la cible. La capture est moins couramment utilisée que la propagation, mais elle peut être utile dans des situations spécifiques, telles que la mise en œuvre de systèmes d'événements personnalisés ou l'interception d'événements avant qu'ils n'atteignent les éléments enfants.

## event.target vs. event.currentTarget

- event.target : L'élément qui a *déclenché* l'événement (l'élément qui a été réellement cliqué, tapé, etc.). Cela reste le même tout au long du flux d'événements (propagation ou capture).
- event.currentTarget : L'élément auquel l'écouteur d'événements *actuel* est attaché. Cela change au fur et à mesure que l'événement se propage ou capture.

```
let exterieur = document.getElementById("exterieur");
let interieur = document.getElementById("interieur");
let bouton = document.getElementById("monBouton");

exterieur.addEventListener("click", function(evenement) {
  console.log("Cible :", evenement.target.id); // Sortie : monBouton (toujours
le bouton)
  console.log("Cible actuelle :", evenement.currentTarget.id); // Sortie :
exterieur (l'élément auquel l'écouteur est attaché)
});
```

Comprendre la différence entre `target` et `currentTarget` est crucial pour la délégation d'événements, que nous aborderons ensuite.

## Arrêter la propagation

Vous pouvez empêcher l'événement de remonter (ou de descendre en capture) l'arbre DOM en utilisant la méthode `stopPropagation()` de l'objet événement.

```
let exterieur = document.getElementById("exterieur");
let interieur = document.getElementById("interieur");
let bouton = document.getElementById("monBouton");

bouton.addEventListener("click", function(evenement) {
  console.log("Bouton cliqué");
  evenement.stopPropagation(); // Empêcher l'événement de remonter
});

interieur.addEventListener("click", function(evenement) {
  console.log("Div intérieur cliqué"); // Ceci ne sera PAS exécuté
});

exterieur.addEventListener("click", function(evenement) {
  console.log("Div extérieur cliqué"); // Ceci ne sera PAS exécuté non plus
});
```

Lorsque vous cliquez sur le bouton, seul "Bouton cliqué" sera affiché. La méthode `stopPropagation()` empêche l'événement d'atteindre les écouteurs d'événements des divs `interieur` et `exterieur`.

*Note importante* : `stopPropagation()` empêche l'événement de se propager plus loin dans le DOM, mais il n'empêche *pas* les autres écouteurs d'événements attachés au *même* élément d'être exécutés. Si vous aviez plusieurs écouteurs de `click` sur le bouton lui-même, ils seraient tous appelés.

## stopImmediatePropagation()

Si vous souhaitez empêcher tout autre écouteur d'événements, même ceux sur le *même élément*, vous pouvez utiliser `stopImmediatePropagation()`.

```
let bouton = document.getElementById("monBouton");

bouton.addEventListener("click", function(evenement) {
  console.log("Gestionnaire 1");
  evenement.stopImmediatePropagation(); // Arrêter TOUTE propagation ultérieure
});

bouton.addEventListener("click", function(evenement) {
  console.log("Gestionnaire 2"); // Ceci ne sera PAS exécuté
});
```

# 13.6   Délégation d'événements

La délégation d'événements est une technique puissante qui tire parti de la propagation des événements pour gérer les événements sur plusieurs éléments de manière efficace. Au lieu d'attacher des écouteurs d'événements individuels à chaque élément, vous attachez un *seul* écouteur d'événements à un *ancêtre commun*. Ceci est particulièrement utile lorsque vous avez de nombreux éléments (par exemple, une longue liste d'éléments) ou lorsque des éléments sont ajoutés ou supprimés dynamiquement.

```
<ul id="maListe">
  <li>Élément 1</li>
  <li>Élément 2</li>
  <li>Élément 3</li>
</ul>
```

Au lieu d'attacher un écouteur de clic à chaque `<li>` :

```
// NE FAITES PAS CELA (inefficace, surtout pour les longues listes)
let elementsListe = document.querySelectorAll("#maListe li");
elementsListe.forEach(function(element) {
  element.addEventListener("click", function() {
    console.log("Élément cliqué :", element.textContent);
  });
});
```

Vous pouvez attacher un seul écouteur à `<ul>` :

```
let liste = document.getElementById("maListe");
```

```
liste.addEventListener("click", function(evenement) {
  // Vérifier si l'élément cliqué (evenement.target) est un <li>
  if (evenement.target.tagName === "LI") {
    console.log("Élément cliqué :", evenement.target.textContent);
  }
});
```

Explication :

1. Nous attachons un écouteur de `click` à l'élément `<ul>`.
2. Lorsque n'importe quel élément *à l'intérieur* de `<ul>` est cliqué, l'événement remonte jusqu'à `<ul>`.
3. À l'intérieur du gestionnaire d'événements, nous utilisons `evenement.target` pour obtenir une référence à l'*élément réel* qui a été cliqué.
4. Nous vérifions si `evenement.target` est un élément `<li>` (en utilisant `tagName`). Cela garantit que nous ne gérons que les clics sur les éléments de la liste, et non les clics sur d'autres parties de `<ul>`.

**Avantages de la délégation d'événements :**

- **Efficacité** : Vous n'avez besoin d'attacher qu'un seul écouteur d'événements, même si vous avez de nombreux éléments cibles. Cela réduit l'utilisation de la mémoire et améliore les performances.
- **Éléments dynamiques** : Cela fonctionne même pour les éléments qui sont ajoutés au DOM *après* que l'écouteur d'événements a été attaché. Vous n'avez pas besoin de rattacher les écouteurs lorsque de nouveaux éléments sont ajoutés.
- **Code simplifié** : Vous avez moins de code à gérer, ce qui rend votre code plus propre et plus facile à maintenir.

# 13.7    Événements personnalisés

Bien que JavaScript fournisse un large éventail d'événements intégrés, vous pouvez également créer et déclencher vos propres *événements personnalisés*. Ceci est utile pour construire des composants réutilisables, créer des systèmes personnalisés pilotés par les événements ou découpler différentes parties de votre application.

## Création d'événements personnalisés

Vous créez un événement personnalisé en utilisant le constructeur `CustomEvent` :

```
let monEvenement = new CustomEvent(typeEvenement, options);
```

- `typeEvenement` : Une chaîne de caractères représentant le nom de votre événement personnalisé (par exemple, "monEvenementPersonnalise", "donneesChargees", "elementSelectionne").

- options : (Facultatif) Un objet avec des options de configuration pour l'événement. Les options courantes incluent :
  - bubbles : (booléen) Indique si l'événement doit se propager (par défaut : `false`).
  - cancelable : (booléen) Indique si l'action par défaut de l'événement peut être empêchée (par défaut : `false`).
  - detail : (n'importe quel type) Données personnalisées à attacher à l'événement. Ces données seront disponibles dans la propriété `event.detail` de l'objet événement.

```javascript
// Créer un événement personnalisé nommé "monEvenementPersonnalise"
let monEvenement = new CustomEvent("monEvenementPersonnalise", {
  bubbles: true, // Autoriser l'événement à se propager
  cancelable: true, // Autoriser l'événement à être annulé
  detail: {
    message: "Bonjour depuis mon événement personnalisé !",
    valeur: 42
  } // Attacher des données personnalisées
});
```

## Déclenchement d'événements personnalisés

Une fois que vous avez créé un événement personnalisé, vous le déclenchez (le déclenchez) sur un élément DOM spécifique en utilisant la méthode `dispatchEvent()` :

```javascript
let monElement = document.getElementById("monElement");
monElement.dispatchEvent(monEvenement); // Déclencher l'événement personnalisé
sur l'élément
```

## Écoute des événements personnalisés

Vous écoutez les événements personnalisés en utilisant `addEventListener()`, comme vous le feriez pour les événements intégrés.

```javascript
monElement.addEventListener("monEvenementPersonnalise", function(evenement) {
  console.log("Événement personnalisé reçu !");
  console.log("Type d'événement :", evenement.type); // Sortie :
monEvenementPersonnalise
  console.log("Cible :", evenement.target); // Sortie : l'élément qui a
déclenché l'événement
  console.log("Données personnalisées :", evenement.detail); // Sortie :
{ message: "Bonjour depuis mon événement personnalisé !", valeur: 42 }
});
```

En résumé :

```html
<div id="monElement">Cliquez-moi</div>
```

```
<script>
// 1. Créer l'événement personnalisé
let monEvenement = new CustomEvent("monEvenementPersonnalise", {
  bubbles: true,
  cancelable: true,
  detail: {
    message: "Bonjour depuis mon événement personnalisé !",
    valeur: 42
  }
});


// 2. Obtenir une référence à l'élément
let monElement = document.getElementById("monElement");

// 3. Attacher un écouteur d'événements pour l'événement personnalisé
monElement.addEventListener("monEvenementPersonnalise", function(evenement) {
  console.log("Événement personnalisé reçu !");
  console.log("Type d'événement :", evenement.type);   // Sortie :
monEvenementPersonnalise
  console.log("Cible :", evenement.target);
  console.log("Données personnalisées :", evenement.detail);
});

// 4. Ajouter un écouteur de clic pour déclencher l'événement personnalisé
monElement.addEventListener("click", function(evenement) {
  console.log("Élément cliqué. Déclenchement de l'événement personnalisé.");
  // 5. Déclencher l'événement personnalisé
  monElement.dispatchEvent(monEvenement);
});
</script>
```

Les événements personnalisés sont un moyen puissant de créer des composants plus modulaires et réutilisables. Ils permettent à différentes parties de votre application de communiquer entre elles sans être étroitement couplées. Par exemple, un composant d'interface utilisateur personnalisé pourrait déclencher un événement "donneesModifiees" lorsque ses données internes changent, et d'autres parties de l'application pourraient écouter cet événement et se mettre à jour en conséquence.

# 13.8    Résumé

Ce chapitre a couvert des concepts avancés de gestion des événements en JavaScript. Vous avez maintenant une compréhension plus approfondie de la propagation des événements (propagation et capture), de la délégation d'événements et de la façon de créer et d'utiliser des événements personnalisés. Ces techniques sont essentielles pour construire des applications Web complexes, interactives et efficaces. Vous pouvez contrôler précisément la façon dont les événements sont gérés, répondre aux événements sur des éléments ajoutés dynamiquement et créer vos propres événements pour construire des composants réutilisables et découpler des parties de votre code. Dans le prochain chapitre, nous utiliserons ces connaissances, ainsi que la manipulation du DOM, pour travailler avec des formulaires HTML.

# 14

# Formulaires

Les formulaires sont un élément fondamental du développement Web, offrant un moyen pour les utilisateurs d'interagir avec les applications Web en saisissant des données, en faisant des sélections et en soumettant des informations. Dans ce chapitre, nous allons explorer comment travailler avec des formulaires HTML en utilisant JavaScript. Nous couvrirons l'accès aux éléments de formulaire, la gestion des événements de formulaire, la validation des entrées utilisateur et la soumission des données de formulaire. Nous nous appuierons sur la connaissance du DOM (chapitre 12) et des événements (chapitre 13) pour créer des formulaires interactifs et conviviaux.

## 14.1    Bases des formulaires HTML

Avant de plonger dans JavaScript, passons brièvement en revue les principaux éléments HTML utilisés pour créer des formulaires :

- `<form>` : Le conteneur pour l'ensemble du formulaire. Il a des attributs comme :
  - `action` : L'URL où les données du formulaire seront envoyées (lors de la soumission).
  - `method` : La méthode HTTP utilisée pour soumettre le formulaire (`get` ou `post`).
  - `name`: nom du formulaire, utilisé pour accéder au formulaire en JavaScript.
  - `target` : Spécifie comment la réponse sera affichée après la soumission (par exemple, `_blank` ouvre dans une nouvelle fenêtre/onglet).
- `<input>` : Un élément polyvalent utilisé pour divers types d'entrées, notamment :

  - `type="text"` : Entrée de texte sur une seule ligne.
  - `type="password"` : Entrée de mot de passe (les caractères sont masqués).
  - `type="email"` : Entrée pour les adresses e-mail (souvent avec une validation intégrée).
  - `type="number"` : Entrée pour les valeurs numériques.
  - `type="checkbox"` : Case à cocher (pour les valeurs booléennes).
  - `type="radio"` : Bouton radio (pour sélectionner une option parmi un groupe).

- ▸ `type="submit"` : Bouton de soumission (soumet le formulaire).
- ▸ `type="reset"` : Bouton de réinitialisation (réinitialise les champs du formulaire à leurs valeurs initiales).
- ▸ `type="button"` : Un bouton générique (souvent utilisé avec JavaScript pour des actions personnalisées).
- ▸ `type="file"` : Permet aux utilisateurs de sélectionner des fichiers pour le téléchargement.
- ▸ `type="date"` : Sélecteur de date.
- ▸ `type="color"` : Sélecteur de couleur.
- ▸ `type="range"` : Curseur.
- ▸ `type="hidden"`: utilisé pour enregistrer des données que l'utilisateur n'a pas besoin de voir.

- Attributs courants pour les éléments `<input>` :

  - ▸ `name` : Le nom du champ de saisie (utilisé pour identifier les données sur le serveur).
  - ▸ `value` : La valeur initiale du champ de saisie.
  - ▸ `placeholder` : Texte d'indication affiché à l'intérieur du champ de saisie avant que l'utilisateur n'entre une valeur.
  - ▸ `required` : Spécifie que le champ doit être rempli avant la soumission.
  - ▸ `readonly`: rend l'entrée en lecture seule.
  - ▸ `disabled`: rend l'entrée désactivée.
- `<textarea>` : Entrée de texte multiligne.

  - ▸ `name`: Le nom du champ de saisie.
  - ▸ `rows`: Hauteur visible en nombre de lignes de texte.
  - ▸ `cols` : largeur visible en caractères.
- `<select>` : Liste déroulante (pour sélectionner une ou plusieurs options).

  - ▸ `name`: Le nom de l'élément select.
  - ▸ `<option>` : Représente une option dans un élément `<select>`.
    - ▷ `value` : La valeur associée à l'option (envoyée au serveur).
- `<button>` : Un bouton cliquable. Peut être utilisé pour soumettre, réinitialiser ou des actions personnalisées.

  - ▸ `type` : submit (par défaut), reset ou button.

```
<form action="/soumettre-formulaire" method="post" id="monFormulaire"
name="monFormulaire">
  <label for="nom">Nom :</label> <br />
  <input
    type="text"
    id="nom"
    name="nom"
    placeholder="Entrez votre nom"
    required
```

```
  /><br /><br />

  <label for="email">Email :</label> <br />
  <input
    type="email"
    id="email"
    name="email"
    placeholder="Entrez votre email"
  /><br /><br />

  <label for="motdepasse">Mot de passe :</label><br />
  <input type="password" id="motdepasse" name="motdepasse" /><br /><br />

  <label for="message">Message :</label><br />
  <textarea id="message" name="message" rows="4" cols="50"></textarea
  ><br /><br />

  <label for="pays">Pays :</label><br />
  <select id="pays" name="pays">
    <option value="us">États-Unis</option>
    <option value="ca">Canada</option>
    <option value="uk">Royaume-Uni</option></select
  ><br /><br />

  <label>Genre :</label><br />
  <input type="radio" id="homme" name="genre" value="homme" />
  <label for="homme">Homme</label><br />
  <input type="radio" id="femme" name="genre" value="femme" />
  <label for="femme">Femme</label><br /><br />

  <input type="checkbox" id="abonnement" name="abonnement" value="oui" />
  <label for="abonnement">S'abonner à la newsletter</label><br /><br />

  <input type="hidden" id="userID" name="userID" value="12345" />

  <button type="submit">Soumettre</button>
  <button type="reset">Réinitialiser</button>
  <button type="button" onclick="alert('Bouton personnalisé cliqué !')">
    Bouton personnalisé
  </button>
</form>
<div id="output"></div>
```

## 14.2   Accéder aux éléments de formulaire en JavaScript

Vous pouvez accéder aux éléments de formulaire en utilisant les méthodes DOM que nous avons couvertes au chapitre 12, telles que getElementById(), querySelector(), getElementsByName()

et getElementsByTagName(). Il est courant d'utiliser des attributs id sur les éléments de formulaire pour les rendre facilement accessibles via getElementById().

```
// Accéder au formulaire lui-même
let formulaire = document.getElementById("monFormulaire");
let formulaireNom = document.forms.monFormulaire;  // en utilisant la collection
forms et l'attribut name du formulaire

// Accéder aux éléments individuels du formulaire
let champNom = document.getElementById("nom");
let champEmail = document.querySelector("#email");
let champMessage = document.getElementById("message");
let selectPays = formulaire.elements.pays;      // utiliser la variable
formulaire, et l'attribut name pour accéder à l'élément
```

La propriété document.forms renvoie une HTMLCollection de tous les éléments <form> du document. Vous pouvez accéder aux formulaires individuels par leur index ou leur attribut name. Un élément de formulaire a également une propriété elements qui est une collection de tous les éléments de type entrée à l'intérieur du formulaire.

# 14.3    Travailler avec les contrôles de formulaire

## Entrée de texte

- Obtenir la valeur : Utilisez la propriété value.
- Définir la valeur : Affectez une chaîne de caractères à la propriété value.

```
// Entrée de texte
let champNom = document.getElementById("nom");
console.log(champNom.value); // Obtenir la valeur actuelle
champNom.value = "Alice"; // Définir une nouvelle valeur

// Zone de texte
let champMessage = document.getElementById("message");
console.log(champMessage.value);
champMessage.value = "Ceci est un nouveau message.";
```

## Cases à cocher

- Obtenir l'état coché : Utilisez la propriété checked (renvoie true si coché, false sinon).
- Définir l'état coché : Affectez true ou false à la propriété checked.

```
let caseAbonnement = document.getElementById("abonnement");
console.log(caseAbonnement.checked); // Obtenir l'état coché (true ou false)
```

```
caseAbonnement.checked = true; // Cocher la case
```

## Boutons radio

Les boutons radio sont regroupés par leur attribut name. Un seul bouton radio dans un groupe peut être coché à la fois.

- Obtenir la valeur sélectionnée : Parcourez les boutons radio du groupe et vérifiez la propriété checked.

```
let boutonsGenre = document.getElementsByName("genre"); // Obtenir tous les
boutons radio avec name="genre"

let genreSelectionne = null;
for (let bouton of boutonsGenre) {
  if (bouton.checked) {
    genreSelectionne = bouton.value;
    break; // Quitter la boucle une fois qu'un bouton radio coché est trouvé
  }
}
console.log("Genre sélectionné :", genreSelectionne);

//définir la valeur du bouton radio :
boutonsGenre[0].checked = true; // le premier bouton radio sera coché
```

## Listes déroulantes

- Obtenir l'option ou les options sélectionnées : Utilisez la propriété value pour les listes déroulantes à sélection unique. Pour les listes déroulantes à sélection multiple (<select multiple>), utilisez la propriété selectedOptions (qui renvoie une collection des éléments <option> sélectionnés).
- Définir l'option ou les options sélectionnées : Affectez une valeur à la propriété value (sélection unique) ou manipulez la propriété selected des éléments <option> individuels (sélection multiple).

```
let selectPays = document.getElementById("pays");

// Liste déroulante à sélection unique
console.log(selectPays.value); // Obtenir la valeur sélectionnée (par exemple,
"us", "ca", "uk")
selectPays.value = "ca"; // Sélectionner Canada

// Accéder à l'objet option sélectionné
let optionSelectionnee = selectPays.options[selectPays.selectedIndex];
console.log(optionSelectionnee.text); // "Canada"
```

```
console.log(optionSelectionnee.value); // "ca"


// Sélection multiple (non montré dans l'exemple HTML, pour illustration) :
// <select id="maSelection" multiple>...</select>

// let maSelection = document.getElementById("maSelection");
// for (let option of maSelection.selectedOptions) {
//     console.log(option.value, option.text);
// }
```

## Obtenir et définir des valeurs

Comme vu dans les exemples ci-dessus, les propriétés clés pour obtenir et définir les valeurs des contrôles de formulaire sont :

- `value` : Utilisé pour les entrées de texte, les zones de texte, les listes déroulantes (sélection unique) et les entrées cachées. Obtient ou définit la valeur actuelle. Fonctionne également pour les boutons radio et les cases à cocher (renvoie l'attribut `value` de l'option cochée).
- `checked` : Utilisé pour les cases à cocher et les boutons radio. Obtient ou définit l'état coché (`true` ou `false`).
- `selectedIndex` : Utilisé pour les listes déroulantes. Obtient ou définit l'index de l'option sélectionnée (pour la sélection unique).
- `selectedOptions` : Utilisé pour les listes déroulantes (sélection multiple). Renvoie une collection des éléments `<option>` sélectionnés.
- `options`: renvoie une collection de tous les éléments `<option>` à l'intérieur de l'élément `<select>`.

# 14.4    Validation de formulaire

La validation de formulaire est le processus de vérification si l'entrée de l'utilisateur répond à certains critères avant de soumettre le formulaire. Elle contribue à garantir l'intégrité des données et améliore l'expérience utilisateur. Il existe deux types principaux de validation de formulaire :

- **Validation côté client** : Effectuée dans le navigateur en utilisant JavaScript (et les attributs HTML5). Fournit un retour immédiat à l'utilisateur.
- **Validation côté serveur** : Effectuée sur le serveur après la soumission du formulaire. Essentiel pour la sécurité et l'intégrité des données, car la validation côté client peut être contournée.

## Validation côté client en utilisant les attributs HTML5

HTML5 a introduit plusieurs attributs qui vous permettent d'effectuer une validation de base directement dans le HTML, sans avoir besoin de JavaScript :

- `required` : Spécifie qu'un champ doit être rempli.
- `pattern` : Spécifie une expression régulière à laquelle la valeur d'entrée doit correspondre. Très puissant.
- `min` / `max` : Spécifie les valeurs minimales et maximales pour les entrées numériques ou de date.
- `minlength` / `maxlength` : Spécifie les longueurs minimales et maximales pour les entrées de texte.
- `type="email"` / `type="url"` / `type="number"` / `type="date"` : Ces types d'entrée fournissent une validation intégrée basée sur le type de données attendu.

```
<form id="monFormulaire">
  <label for="nomUtilisateur">Nom d'utilisateur (obligatoire, au moins 3
caractères) :</label
  ><br />
  <input
    type="text"
    id="nomUtilisateur"
    name="nomUtilisateur"
    required
    minlength="3"
  /><br /><br />

  <label for="age">Âge (18-99) :</label><br />
  <input type="number" id="age" name="age" min="18" max="99" /><br /><br />

  <label for="email">Email :</label><br />
  <input type="email" id="email" name="email" required /><br /><br />

  <label for="siteWeb">Site Web :</label><br />
  <input type="url" id="siteWeb" name="siteWeb" /><br /><br />

  <label for="motdepasse"
    >Mot de passe (au moins 8 caractères, avec 1 chiffre et 1 caractère
    spécial) :</label
  ><br />
  <input
    type="password"
    id="motdepasse"
    name="motdepasse"
    required
    minlength="8"
pattern="^(?=.*[a-z])(?=.*[A-Z])(?=.*\d)(?=.*[@$!%*?&])[A-Za-z\d@$!%*?&]{8,}$"
    title="Le mot de passe doit comporter au moins 8 caractères et inclure au
moins un chiffre, une majuscule, une minuscule et un caractère spécial."
  /><br /><br />

  <button type="submit">Soumettre</button>
```

```
</form>
```

Les navigateurs modernes appliquent automatiquement ces contraintes de validation HTML5 et affichent des messages d'erreur si l'entrée n'est pas valide. Cela fournit un bon niveau de validation de base.

## Validation personnalisée avec JavaScript

Pour des règles de validation plus complexes, vous devrez utiliser JavaScript. Vous utilisez souvent l'événement submit du formulaire pour déclencher votre logique de validation.

```
let formulaire = document.getElementById("monFormulaire");
let champNom    = document.getElementById("nom");

formulaire.addEventListener("submit", function(evenement) {

    //Validation personnalisée pour le champ nom
    if(champNom.value.trim() === ""){
        // Empêcher la soumission du formulaire
        evenement.preventDefault();
        //afficher l'erreur
        afficherErreur(champNom, "Le nom est obligatoire."); // Afficher un
message d'erreur
    }else if(champNom.value.trim().length < 3){
        evenement.preventDefault();
        afficherErreur(champNom, `Le nom doit contenir plus de 3 lettres. Vous
avez saisi "${champNom.value.trim()}".`);
    }else{
        supprimerErreur(champNom);
    }
});

function afficherErreur(elementEntree, message) {
    const elementErreur = document.createElement('p'); //créer un message
d'erreur
    elementErreur.style.color = 'red';          // styliser le message d'erreur
    elementErreur.textContent = message;            // ajouter un texte de message
    elementErreur.classList.add(`message-erreur-${elementEntree.id}`); //ajouter
une classe pour pouvoir la supprimer
    elementEntree.parentNode.insertBefore(elementErreur,
elementEntree.nextSibling); //insérer un message d'erreur après l'élément
d'entrée
}

function supprimerErreur(elementEntree){
    const messagesErreur = document.querySelectorAll(`.message-erreur-$
{elementEntree.id}`);
```

```
    // Vérifier si les messages d'erreur existent avant de les supprimer
  if (messagesErreur.length > 0) {
    messagesErreur.forEach(messageErreur => {
      messageErreur.parentNode.removeChild(messageErreur);
    });
  }
}
```

Dans cet exemple :

1. Nous attachons un écouteur d'événements `submit` au formulaire.
2. Les fonctions `afficherErreur()` et `supprimerErreur()` seront chargées d'afficher et de supprimer toute erreur de validation.
3. À l'intérieur du gestionnaire d'événements, nous vérifions si la valeur d'entrée est vide.
4. Le formulaire ne sera soumis que si toutes les entrées sont valides, ou l'empêcher d'utiliser `event.preventDefault()`.
5. Si nous empêchons la soumission, nous devons afficher pourquoi nous l'avons fait à l'utilisateur, en ajoutant un message.

## Affichage des messages d'erreur

Il est crucial de fournir des messages d'erreur clairs et utiles à l'utilisateur lorsque la validation échoue. Il existe plusieurs façons d'afficher les messages d'erreur :

- **Utilisation de** `alert()` : (Généralement déconseillé) C'est l'approche la plus simple, mais elle est intrusive et peu conviviale.
- **Ajout/Suppression de messages d'erreur près du champ de saisie :** .
- **Mise à jour d'une zone d'erreur dédiée** : Créez une zone désignée dans votre HTML (par exemple, un `<div>`) où vous affichez toutes les erreurs du formulaire.
- **Utilisation de** `setCustomValidity()` **de HTML5** : Cette méthode vous permet de définir un message de validation personnalisé qui sera affiché par l'interface utilisateur de validation intégrée du navigateur.

# 14.5    Soumission de formulaires

## L'événement `submit`

L'événement `submit` est déclenché sur l'élément `<form>` lorsque l'utilisateur tente de soumettre le formulaire (par exemple, en cliquant sur un bouton de soumission). C'est l'événement principal que vous utiliserez pour gérer la soumission de formulaire avec JavaScript.

```
let monFormulaire = document.getElementById("monFormulaire");

monFormulaire.addEventListener("submit", function(evenement) {
```

```
// 1. Empêcher le comportement de soumission de formulaire par défaut (qui
rechargerait la page) :
evenement.preventDefault();

// 2. Effectuer la validation (si nécessaire)
// ... (logique de validation ici) ...

// 3. Si la validation réussit, collecter les données du formulaire
let donneesFormulaire = new FormData(monFormulaire);

// 4. Envoyer les données au serveur (par exemple, en utilisant l'API Fetch ou
XMLHttpRequest)
// ... (requête AJAX ici) ...

console.log("Formulaire soumis (mais action par défaut empêchée).");
});
```

- `evenement.preventDefault()` : Ceci est *essentiel* si vous voulez gérer la soumission du formulaire avec JavaScript. Il empêche le comportement par défaut du navigateur d'envoyer les données du formulaire à l'URL `action` et de recharger la page.
- `FormData()` : un moyen facile de sérialiser les champs du formulaire et leurs valeurs.
- **Requête AJAX** : pour envoyer des données sans recharger la page. Nous en discuterons dans les chapitres suivants.

## Empêcher la soumission du formulaire

Comme indiqué ci-dessus, vous utilisez `evenement.preventDefault()` à l'intérieur du gestionnaire d'événements `submit` pour empêcher le comportement de soumission de formulaire par défaut. Ceci est crucial lorsque vous souhaitez :

- Effectuer une validation côté client.
- Soumettre les données du formulaire de manière asynchrone en utilisant JavaScript (par exemple, avec l'API Fetch ou `XMLHttpRequest`).
- Gérer la soumission du formulaire d'une autre manière personnalisée.

## Soumission de formulaires avec JavaScript

Il existe deux manières principales de soumettre des formulaires avec JavaScript : la soumission de formulaire traditionnelle qui provoque le rechargement complet de la page et l'utilisation d'AJAX qui permet de soumettre des données sans rechargement.

- Soumission de formulaire traditionnelle: Pour soumettre entièrement un formulaire (sans empêcher l'action par défaut).

```
document.getElementById("monFormulaire").submit(); // Soumettre le formulaire
```

- Soumettre le formulaire en utilisant AJAX :

Pour soumettre des données sans rechargement, vous devez utiliser `event.preventDefault()` dans l'événement submit, pour empêcher le comportement de soumission par défaut, puis collecter les données du formulaire et les envoyer en utilisant `XMLHttpRequest` ou `Fetch`.

```
let monFormulaire = document.getElementById("monFormulaire");

monFormulaire.addEventListener("submit", function(evenement) {
  // Empêcher la soumission par défaut
  evenement.preventDefault();

  // Collecter les données du formulaire
  let donneesFormulaire = new FormData(monFormulaire);  // un moyen facile de
sérialiser les données

  // Envoyer les données en utilisant l'API Fetch
  fetch("votre-point-de-terminaison-serveur", {  //ajouter l'URL à laquelle vous
souhaitez envoyer des données
    method: "POST", // ou 'GET' ou toute autre méthode
    body: donneesFormulaire // corps de la requête
  })
    .then(reponse => reponse.json()) // chaîne de promesses discutée
précédemment
    .then(donnees => {
      console.log("Succès :", donnees); // gérer le succès
    })
    .catch(erreur => {
      console.error("Erreur :", erreur); // Gérer l'erreur
    });
});
```

## 14.6   Résumé

Ce chapitre vous a fourni les connaissances nécessaires pour travailler efficacement avec des formulaires HTML en utilisant JavaScript. Vous avez appris à accéder aux éléments de formulaire, à gérer différents types d'entrées, à effectuer une validation côté client, à gérer l'événement `submit`, à empêcher la soumission de formulaire par défaut et à soumettre des formulaires. vous connaissez également l'objet `FormData` et la méthode `fetch`. Vous pouvez maintenant créer des formulaires interactifs et conviviaux qui collectent, valident et traitent les entrées de l'utilisateur dans vos applications Web. Dans le prochain chapitre, vous apprendrez comment interagir avec et conserver les données dans le stockage du navigateur.

# 15

# Stockage local, stockage de session et cookies

Les applications Web ont souvent besoin de stocker des données localement dans le navigateur de l'utilisateur. Ces données peuvent inclure des préférences utilisateur, des paramètres d'application, le contenu d'un panier d'achat ou d'autres informations qui doivent persister entre les chargements de page ou les sessions de navigation. JavaScript fournit trois mécanismes principaux pour stocker des données localement :

- **Stockage local (Local Storage)** : Stocke les données *sans date d'expiration*. Les données persistent même après la fermeture et la réouverture du navigateur.
- **Stockage de session (Session Storage)** : Stocke les données pour une *seule session*. Les données sont effacées lorsque l'utilisateur ferme l'onglet ou la fenêtre du navigateur.
- **Cookies** : Petits fichiers texte que les sites Web stockent sur l'ordinateur d'un utilisateur. Les cookies peuvent avoir des dates d'expiration et peuvent être accédés par le serveur ainsi que par le client. Les cookies sont plus anciens et ont certaines limitations par rapport au stockage local et au stockage de session.

Ce chapitre explorera chacun de ces mécanismes, en soulignant leurs différences, leurs cas d'utilisation et comment interagir avec eux en utilisant JavaScript.

## 15.1   API Web Storage

Le stockage local et le stockage de session font partie de l'*API Web Storage*, un moyen moderne et pratique de stocker des paires clé-valeur dans le navigateur. L'API Web Storage est généralement préférée aux cookies pour le stockage côté client en raison de sa plus grande capacité de stockage et de son API plus facile à utiliser.

# 15.2 Stockage local (Local Storage)

Le stockage local offre un moyen de stocker des données de manière persistante dans le navigateur de l'utilisateur. Les données sont stockées sous forme de paires clé-valeur, où les clés et les valeurs sont des *chaînes de caractères*.

## Stockage de données

Utilisez la méthode setItem(clé, valeur) de l'objet localStorage pour stocker des données.

```
localStorage.setItem("nomUtilisateur", "Alice");
localStorage.setItem("theme", "sombre");
localStorage.setItem("meilleurScore", "12345");
```

- clé : Une chaîne de caractères représentant le nom de l'élément de données.
- valeur : Une chaîne de caractères représentant la valeur à stocker. Si vous stockez une valeur non-chaîne (comme un nombre ou un objet), elle sera automatiquement convertie en chaîne de caractères en utilisant sa représentation toString().

## Récupération de données

Utilisez la méthode getItem(clé) pour récupérer des données.

```
let nomUtilisateur = localStorage.getItem("nomUtilisateur");
let theme = localStorage.getItem("theme");
let meilleurScore = localStorage.getItem("meilleurScore");

console.log(nomUtilisateur); // Sortie : Alice
console.log(theme); // Sortie : sombre
console.log(meilleurScore); // Sortie : 12345

let nonExistant = localStorage.getItem("cleNonExistante");
console.log(nonExistant); // Sortie : null (si la clé n'existe pas)
```

- clé : Le nom de l'élément de données à récupérer.
- Si la clé existe, getItem() renvoie la valeur correspondante (sous forme de chaîne de caractères).
- Si la clé n'existe *pas*, getItem() renvoie null.

## Suppression de données

Utilisez la méthode removeItem(clé) pour supprimer un élément spécifique.

```
localStorage.removeItem("theme");
```

```
let themeApresSuppression = localStorage.getItem("theme");
console.log(themeApresSuppression); // Sortie : null (car il a été supprimé)
```

Utilisez la méthode `clear()` pour supprimer *tous* les éléments du stockage local pour l'origine actuelle.

```
localStorage.clear(); // Supprime tous les éléments du stockage local (pour le
domaine actuel)
```

## Cas d'utilisation

Le stockage local est un excellent choix pour de nombreux scénarios, comme l'enregistrement des préférences de l'utilisateur, le stockage de l'état de l'application et la mise en cache des données pour réduire les requêtes au serveur. Voici quelques exemples d'utilisation :

- **Préférences utilisateur** : Stockez les paramètres spécifiques à l'utilisateur, comme les préférences de thème (mode clair/sombre), les choix de langue, les tailles de police, etc.
- **État de l'application** : Conservez les données de l'application entre les sessions, telles que le contenu d'un panier d'achat, une liste de tâches ou la progression de l'utilisateur dans un jeu.
- **Accès hors ligne** : Mettez en cache les données localement afin que l'application puisse toujours fonctionner (au moins partiellement) lorsque l'utilisateur est hors ligne.
- **Réduction de la charge du serveur** : Stockez les données fréquemment consultées dans le stockage local pour réduire le nombre de requêtes au serveur.
- **Détails d'authentification** : Enregistrez le nom d'utilisateur par exemple, afin que l'utilisateur n'ait pas besoin de le taper à nouveau.

# 15.3    Stockage de session (Session Storage)

Le stockage de session est très similaire au stockage local, mais avec une différence cruciale : les données ne sont stockées que pour une *seule session*. Dès que l'utilisateur ferme l'onglet ou la fenêtre du navigateur, les données du stockage de session sont effacées. L'API est identique au stockage local :

## Différences entre Local Storage et Session Storage.

- **Durée de vie des données** : Les données stockées dans `localStorage` persistent jusqu'à ce qu'elles soient explicitement supprimées à l'aide de `localStorage.removeItem()` ou `localStorage.clear()`, par code ou par l'utilisateur qui les efface manuellement, tandis que les données dans `sessionStorage` ne durent que pour une session.
- Les données dans `localStorage` sont partagées entre tous les onglets et fenêtres de la même origine, tandis que les données dans `sessionStorage` sont isolées dans l'onglet courant, ce qui signifie que si vous avez le même site ouvert dans des onglets séparés, chaque onglet aura ses données `sessionStorage` séparées.

## Stockage des données

```
sessionStorage.setItem("idSession", "12345abcde");
sessionStorage.setItem("pageActuelle", "accueil");
```

## Récupération des données

```
let idSession = sessionStorage.getItem("idSession");
console.log(idSession); // Sortie : 12345abcde
```

## Suppression des données

```
sessionStorage.removeItem("pageActuelle");

// Effacer toutes les données de stockage de session (pour l'origine actuelle) :
sessionStorage.clear();
```

## Cas d'utilisation

Le stockage de session est idéal pour enregistrer temporairement des données sensibles qui ne devraient pas persister entre les sessions. Voici quelques cas d'utilisation typiques :

- **Données de formulaire temporaires** : Stockez les données saisies par l'utilisateur au fur et à mesure qu'il remplit un formulaire en plusieurs étapes. Si l'utilisateur ferme accidentellement l'onglet, les données sont perdues, ce qui est souvent souhaitable pour des raisons de sécurité.
- **Jetons d'authentification** : Stockez des jetons d'authentification ou des ID de session de courte durée.
- **Messages uniques** : Affichez des messages à l'utilisateur qui ne doivent apparaître qu'une seule fois (par exemple, un message de bienvenue après une connexion réussie).
- **Données du panier d'achat** : Enregistrez temporairement les articles jusqu'au paiement.

Il est important de savoir que `localStorage` et `sessionStorage` sont spécifiques à l'origine (l'origine est la combinaison du protocole, du domaine et du port. par exemple `https://www.example.com:80`).

# 15.4   Cookies

Les cookies sont de petits fichiers texte que les sites Web stockent sur l'ordinateur d'un utilisateur. Contrairement au stockage local et au stockage de session, qui sont purement côté client, les cookies peuvent être accédés à la fois par le *client (navigateur)* et par le *serveur*. Les cookies sont envoyés avec *chaque* requête HTTP au même domaine, ce qui les rend adaptés à des tâches telles que la gestion de session et la personnalisation.

# Fonctionnement des cookies

Les cookies sont définis soit par le serveur via l'en-tête HTTP `Set-Cookie`, soit par JavaScript en utilisant `document.cookie`. Les cookies sont constitués de paires clé-valeur, ainsi que de plusieurs attributs facultatifs qui contrôlent leur portée, leur expiration et leur sécurité.

## Définition de cookies avec JavaScript

```
document.cookie = "nomUtilisateur=Alice; expires=Fri, 31 Dec 9999 23:59:59 GMT;
path=/";
document.cookie = "theme=sombre; path=/";
```

- `document.cookie` est une propriété de chaîne spéciale. L'affectation d'une chaîne *ajoute* ou *met à jour* un cookie. Elle n'écrase *pas* tous les cookies existants.
- Le format de base est `nom=valeur`.
- Vous pouvez ajouter plusieurs *attributs facultatifs* pour contrôler le comportement du cookie, séparés par des points-virgules :
  - `expires=date-au-format-GMTString` : Spécifie la date d'expiration du cookie. S'il est omis, le cookie est un *cookie de session* (supprimé lorsque le navigateur se ferme). Utilisez `Date.toUTCString()` pour formater la date correctement.
  - `max-age=secondes` : Spécifie la durée de vie du cookie en secondes. Une alternative plus moderne à `expires`.
  - `path=chemin` : Spécifie le chemin pour lequel le cookie est valide. `path=/` rend le cookie disponible pour l'ensemble du domaine.
  - `domain=domaine` : Spécifie le domaine pour lequel le cookie est valide.
  - `secure` : Si présent, le cookie ne sera envoyé que sur des connexions HTTPS.
  - `samesite`: une option moderne à définir, pour empêcher les attaques de falsification de requêtes intersites. Elle peut être :
    - `Strict`: Empêche l'envoi du cookie dans toute requête intersite.
    - `Lax`: Autorise l'envoi du cookie avec des navigations de haut niveau "sûres".
    - `None`: Cela autorise le partage intersite. Doit être utilisé avec l'attribut `secure`. Bon exemple :

```
document.cookie = "username=John Doe; max-age=3600; path=/; SameSite=Strict;
Secure";
```

# Lecture des cookies

```
let tousLesCookies = document.cookie;
console.log(tousLesCookies); // Sortie : Une chaîne contenant tous les cookies
pour le domaine actuel, séparés par des points-virgules
// (par exemple, "nomUtilisateur=Alice; theme=sombre")
```

`document.cookie` renvoie une *seule chaîne* contenant *tous* les cookies du document en cours, chaque cookie étant séparé par un point-virgule et un espace. Vous devrez *analyser* cette chaîne pour extraire les valeurs des cookies individuels.

```
function getCookie(nom) {
  let cookies = document.cookie.split(";");
  for (let i = 0; i < cookies.length; i++) {
    let cookie = cookies[i].trim(); // Supprimer les espaces blancs au début/à
la fin
    let [nomCookie, valeurCookie] = cookie.split("="); // Diviser en nom et
valeur
    if (nomCookie === nom) {
      return decodeURIComponent(valeurCookie); // Décoder la valeur (gère les
caractères spéciaux)
    }
  }
  return null; // Cookie non trouvé
}

let nomUtilisateur = getCookie("nomUtilisateur");
console.log(nomUtilisateur);

let theme = getCookie("theme");
console.log(theme);
```

Cette fonction `getCookie` :

1. Divise la chaîne `document.cookie` en un tableau de cookies individuels.
2. Itère à travers les cookies, en supprimant les espaces blancs et en divisant chaque cookie en parties nom et valeur.
3. Si le nom correspond à celui que nous recherchons, elle décode la valeur en utilisant `decodeURIComponent()` (car les valeurs des cookies sont souvent encodées en URL) et la renvoie.
4. Si le cookie n'est pas trouvé, elle renvoie `null`.

## Suppression de cookies

Pour supprimer un cookie, vous définissez son attribut `expires` à une date dans le passé ou définissez `max-age=0`. Vous devez également spécifier les mêmes `path` et `domain` pour vous assurer que vous supprimez le bon.

```
document.cookie = "nomUtilisateur=; expires=Thu, 01 Jan 1970 00:00:00 GMT;
path=/";
document.cookie = "theme=; max-age=0; path=/";
```

## Attributs de cookie

Comme mentionné précédemment, les cookies ont plusieurs attributs qui contrôlent leur comportement :

- `expires` : Définit la date d'expiration. Sans cela, le cookie est un cookie de session.
- `max-age` : Définit la durée d'expiration en secondes. Préférez ceci à `expires`.
- `path` : Le chemin d'URL pour lequel le cookie est valide.
- `domain` : Le domaine pour lequel le cookie est valide.
- `secure` : Envoyer le cookie uniquement via HTTPS.
- `samesite` : Empêcher les attaques de falsification de requêtes intersites.

## Limitations et préoccupations de sécurité

Voici les principales limitations et préoccupations de sécurité à prendre en compte lorsque vous utilisez des cookies :

- **Taille limitée** : Les cookies ont une petite limite de taille (environ 4 Ko par cookie, et un nombre limité par domaine). Cela les rend inadaptés au stockage de grandes quantités de données.
- **Envoyés avec chaque requête** : Les cookies sont envoyés avec *chaque* requête HTTP au même domaine, ce qui peut avoir un impact sur les performances, en particulier sur les appareils mobiles.
- **Sécurité** :
  - **XSS (Cross-Site Scripting)** : Si un attaquant peut injecter du JavaScript malveillant dans votre site Web, il pourrait potentiellement voler des cookies. Utilisez l'indicateur `HttpOnly` pour atténuer certains risques XSS.
  - **CSRF (Cross-Site Request Forgery)** : Un attaquant peut tromper un utilisateur pour qu'il fasse des requêtes à votre site en utilisant ses cookies. L'attribut `SameSite` aide.
  - **Confidentialité des données** : Soyez attentif à la confidentialité des utilisateurs lorsque vous stockez des informations personnelles dans les cookies. Respectez les réglementations en matière de confidentialité (comme le RGPD, le CCPA).

En raison de ces limitations et préoccupations de sécurité, le stockage local et le stockage de session sont souvent préférés pour le stockage de données purement côté client. Utilisez les cookies principalement lorsque vous avez besoin que les données soient accessibles sur le serveur ou que vous ayez besoin d'un contrôle plus précis sur les attributs des cookies.

# 15.5 Meilleures pratiques et considérations pour l'utilisation de ces mécanismes

- **Choisissez le bon mécanisme :**
  - Utilisez le **stockage local** pour les données qui doivent persister entre les sessions (préférences utilisateur, état de l'application).

- ▶ Utilisez le **stockage de session** pour les données temporaires qui ne doivent durer que pour une seule session (données de formulaire, jetons de courte durée).
  - ▶ Utilisez les **cookies** lorsque vous avez besoin d'un accès côté serveur aux données ou d'un contrôle précis sur l'expiration, le chemin et le domaine.
- **Ne stockez pas de données sensibles non chiffrées** : Ne stockez jamais de données sensibles (mots de passe, numéros de carte de crédit, etc.) directement dans le stockage local, le stockage de session ou les cookies sans chiffrement approprié.
- **Soyez conscient des limites de taille** : Le stockage local et le stockage de session ont des limites de stockage plus importantes que les cookies (généralement autour de 5 à 10 Mo par domaine), mais elles sont toujours finies. Ne stockez pas de quantités excessivement importantes de données.
- **Gérez la conversion de chaîne** : N'oubliez pas que le stockage local et le stockage de session stockent les données sous forme de chaînes de caractères. Lorsque vous stockez des objets ou des tableaux, vous devrez les sérialiser en JSON en utilisant `JSON.stringify()` avant de les stocker et les analyser à nouveau en utilisant `JSON.parse()` lors de la récupération.

```
let monObjet = { nom: "Alice", age: 30 };

// Stocker l'objet sous forme de chaîne JSON
localStorage.setItem("donneesUtilisateur", JSON.stringify(monObjet));

// Récupérer l'objet et l'analyser à nouveau
let donneesStockees = localStorage.getItem("donneesUtilisateur");
let objetAnalyse = JSON.parse(donneesStockees);

console.log(objetAnalyse.nom); // Sortie : Alice
console.log(objetAnalyse.age); // Sortie : 30
```

- **Gestion des erreurs** : Pensez à ajouter une gestion des erreurs (par exemple, des blocs `try...catch`) lorsque vous travaillez avec le stockage, car il pourrait y avoir des situations où le stockage est plein ou indisponible.
- **Expiration des données** : Les données du stockage local persistent indéfiniment. Implémentez vos propres mécanismes d'expiration des données si nécessaire (par exemple, en stockant un horodatage avec les données et en le vérifiant lors de la récupération).
- **Confidentialité de l'utilisateur** : Soyez transparent avec les utilisateurs sur les données que vous stockez localement et fournissez-leur des options pour contrôler ou effacer ces données.

# 15.6    Résumé

Ce chapitre a couvert les trois principaux mécanismes de stockage de données localement dans le navigateur : le stockage local, le stockage de session et les cookies. Vous avez appris les différences entre eux, leurs cas d'utilisation, comment stocker, récupérer et supprimer des données en utilisant chaque méthode. Et vous avez également appris les meilleures pratiques pour utiliser ces mécanismes, y compris les considérations de sécurité. Ces outils sont essentiels pour créer des applications Web capables de mémoriser les préférences de l'utilisateur, de maintenir l'état et de fonctionner hors ligne. Dans la prochaine partie de ce livre, nous allons passer à JavaScript asynchrone et effectuer des requêtes réseau à l'aide de l'API Fetch.

# 16

# JavaScript asynchrone

Jusqu'à présent, la plupart du code que nous avons écrit était *synchrone*. Cela signifie que chaque instruction est exécutée dans l'ordre, l'une après l'autre. Cependant, de nombreuses opérations dans le développement web sont *asynchrones* : elles ne se terminent pas immédiatement. Les exemples incluent :

- Récupérer des données depuis un serveur sur le réseau.
- Lire un fichier depuis l'ordinateur de l'utilisateur.
- Attendre l'expiration d'une minuterie.
- Gérer le chargement des images et des vidéos.

Si nous essayions de gérer ces opérations de manière synchrone, le navigateur se figerait (deviendrait non réactif) en attendant qu'elles se terminent. JavaScript asynchrone nous permet d'initier ces opérations, puis de continuer à exécuter d'autre code sans bloquer le thread principal, en gérant les résultats lorsqu'ils deviennent disponibles.

Ce chapitre explorera les trois principales façons de gérer les opérations asynchrones en JavaScript :

1. **Callbacks :** L'approche traditionnelle (mais peut conduire à un "callback hell" ou "enfer des callbacks").
2. **Promesses (Promises) :** Une façon plus moderne et structurée de gérer les opérations asynchrones (introduite dans ES6).
3. **Async/Await :** Sucre syntaxique au-dessus des promesses qui rend le code asynchrone plus semblable au code synchrone (introduit dans ES2017).

## 16.1   Code synchrone vs. asynchrone

Illustrons la différence avec des exemples :

**Code synchrone :**

```
console.log("Début");
let resultat = 10 + 5; // Cela se produit immédiatement
console.log("Résultat :", resultat);
console.log("Fin");
// Sortie :
// Début
// Résultat : 15
// Fin
```

Chaque ligne s'exécute dans l'ordre, l'une après l'autre. La ligne suivante ne s'exécute pas tant que la précédente n'est pas terminée.

**Code asynchrone (simulé avec `setTimeout`)**

```
console.log("Début");

setTimeout(function() {
  console.log("Dans setTimeout (après 2 secondes)");
}, 2000); // 2000 millisecondes = 2 secondes

console.log("Fin");
// Sortie :
// Début
// Fin
// (après 2 secondes) Dans setTimeout (après 2 secondes)
```

- `setTimeout()` est une fonction asynchrone. Elle planifie l'exécution d'une fonction (le callback) après un délai spécifié (2000 millisecondes dans ce cas).
- Fondamentalement, `setTimeout()` ne *bloque* pas l'exécution du reste du code. La ligne `console.log("Fin");` s'exécute *immédiatement* après l'appel de `setTimeout()`, *pas* après le délai de 2 secondes.
- La fonction de rappel (callback) à l'intérieur de `setTimeout()` est exécutée *plus tard*, une fois le délai écoulé.

Cela démontre la différence fondamentale : le code synchrone s'exécute dans l'ordre, tandis que le code asynchrone permet à d'autres tâches de se poursuivre en attendant qu'une opération se termine.

# 16.2   Le problème du code bloquant

Si nous essayions, par exemple, de récupérer des données d'un serveur de manière *synchrone*, le navigateur serait bloqué (figé) jusqu'à l'arrivée des données.

Imaginez cette récupération *synchrone* (hypothétique) :

```
console.log("Début");
// Récupération *synchrone* hypothétique (cela bloquerait !)
let donnees = fetchSync("https://api.example.com/data"); // Le navigateur se
figerait ici !
console.log("Données :", donnees); // Ceci ne s'exécuterait qu'après l'arrivée
des données
console.log("Fin");
```

L'ensemble du navigateur serait non réactif en attendant la requête réseau. C'est une expérience utilisateur terrible. JavaScript asynchrone résout ce problème.

# 16.3  Callbacks

Les callbacks sont le moyen le plus ancien et le plus fondamental de gérer les opérations asynchrones en JavaScript. Une *fonction de rappel* (callback function) est une fonction que vous passez comme argument à une autre fonction, et la fonction extérieure *appelle* (exécute) votre fonction de rappel à un moment ultérieur.

Revisitons notre exemple setTimeout :

```
console.log("Début");

setTimeout(function() { // Cette fonction anonyme est le callback
  console.log("Dans setTimeout");
}, 1000);

console.log("Fin");
```

- La fonction anonyme function() { console.log("Dans setTimeout"); } est la fonction de rappel.
- Nous passons cette fonction de rappel à setTimeout().
- setTimeout() est responsable de l'appel de notre fonction de rappel après le délai d'une seconde.

Voici un autre exemple, simulant une opération asynchrone qui récupère des données utilisateur :

```
function obtenirDonneesUtilisateur(idUtilisateur, callback) {
  // Simuler la récupération de données depuis un serveur (en utilisant
setTimeout pour la démo)
  setTimeout(function() {
    if (idUtilisateur === 1) {
      let utilisateur = { id: 1, nom: "Alice" };
      callback(null, utilisateur); // Appeler le callback avec les données (pas
d'erreur)
    } else {
```

```
      callback("Utilisateur non trouvé", null); // Appeler le callback avec une
erreur
    }
  }, 1000);
}

// Appeler obtenirDonneesUtilisateur et fournir une fonction de rappel
obtenirDonneesUtilisateur(1, function(erreur, utilisateur) {
  if (erreur) {
    console.error("Erreur :", erreur);
  } else {
    console.log("Données utilisateur :", utilisateur);
  }
});

console.log("Récupération des données utilisateur...");
// Sortie :
// Récupération des données utilisateur...
// (après 1 seconde) Données utilisateur : { id: 1, nom: 'Alice' }


obtenirDonneesUtilisateur(2, function(erreur, utilisateur) {
  if (erreur) {
    console.error("Erreur :", erreur);
  } else {
    console.log("Données utilisateur :", utilisateur);
  }
});

// Sortie :
// Récupération des données utilisateur...
// (après 1 seconde) Erreur : Utilisateur non trouvé
```

Explication :

1. obtenirDonneesUtilisateur(idUtilisateur, callback) prend un idUtilisateur et une fonction callback.
2. Il simule la récupération de données de manière asynchrone (en utilisant setTimeout).
3. *Après* la récupération simulée (1 seconde), il appelle la fonction callback :
   ▸ Si l'utilisateur est trouvé (idUtilisateur === 1), il appelle callback(null, utilisateur) - null pour l'erreur (indiquant le succès) et l'objet utilisateur comme données.
   ▸ Si l'utilisateur n'est pas trouvé, il appelle callback("Utilisateur non trouvé", null) - un message d'erreur comme premier argument et null pour les données.
4. Lorsque nous appelons obtenirDonneesUtilisateur(), nous passons une fonction de rappel qui *gère* le résultat (soit l'erreur, soit les données). Cette fonction de rappel est exécutée *plus tard*, lorsque l'opération asynchrone est terminée.

Il s'agit du modèle de *callback avec erreur en premier*, une convention courante dans Node.js et d'autres environnements JavaScript.

## Callback Hell

Bien que les callbacks fonctionnent, ils peuvent devenir difficiles à gérer lorsque vous avez plusieurs opérations asynchrones imbriquées. Cela conduit au tristement célèbre "callback hell" ou "pyramide de la mort" :

```
operationAsynchrone1(function(resultat1) {
  operationAsynchrone2(resultat1, function(resultat2) {
    operationAsynchrone3(resultat2, function(resultat3) {
      operationAsynchrone4(resultat3, function(resultat4) {
        // ... et ainsi de suite ...
        console.log("Résultat final :", resultat4);
      });
    });
  });
});
```

Ce code est difficile à lire, difficile à comprendre et sujet aux erreurs. Les promesses (et plus tard, Async/Await) ont été introduites pour résoudre ce problème.

# 16.4  Promesses (Promises)

Les promesses offrent un moyen plus structuré et plus gérable de gérer les opérations asynchrones. Une promesse est un objet représentant l'achèvement éventuel (ou l'échec) d'une opération asynchrone et sa valeur résultante.

Une promesse peut être dans l'un des trois états :

- **En attente (Pending)** : L'état initial ; l'opération est toujours en cours.
- **Résolue (Fulfilled)** : L'opération s'est terminée avec succès et la promesse a une *valeur*.
- **Rejetée (Rejected)** : L'opération a échoué et la promesse a une *raison* (généralement une erreur).

## Création de promesses

Vous créez une promesse en utilisant le constructeur `new Promise()`. Le constructeur prend un seul argument : une *fonction d'exécution* (executor function). La fonction d'exécution est l'endroit où vous effectuez l'opération asynchrone.

```
new Promise(executeur);
```

La fonction d'exécution elle-même prend deux arguments :

- `resolve` : Une fonction que vous appelez lorsque l'opération se termine avec succès. Vous passez la valeur du résultat à `resolve`.
- `reject` : Une fonction que vous appelez si l'opération échoue. Vous passez la raison de l'échec à `reject`.

```
let maPromesse = new Promise(function(resolve, reject) {
  // Effectuer l'opération asynchrone ici

  // Simuler une opération asynchrone avec setTimeout
  setTimeout(function() {
    let succes = true; // Ou false, selon l'opération

    if (succes) {
      resolve("Opération réussie !"); // Résoudre la promesse avec une valeur
    } else {
      reject("Opération échouée !"); // Rejeter la promesse avec une raison
    }
  }, 1000);
});
```

## États de la promesse

Comme mentionné précédemment, une promesse peut être dans l'un des trois états : en attente, résolue ou rejetée. Lorsqu'une promesse est créée, elle commence dans l'état *en attente*. Lorsque la fonction `resolve` est appelée, la promesse passe à l'état *résolue*. Lorsque la fonction `reject` est appelée, la promesse passe à l'état *rejetée*. Une promesse ne peut effectuer une transition *qu'une seule fois* (elle est soit résolue, soit rejetée, mais pas les deux, et son état ne peut pas changer par la suite).

## `then()`, `catch()`, et `finally()`

Vous interagissez avec une promesse en utilisant ses méthodes :

- `then(enCasDeResolution, enCasDeRejet)` : C'est la méthode principale. Elle prend deux fonctions de rappel *facultatives* :
  - `enCasDeResolution` : Cette fonction est appelée si la promesse est *résolue*. Elle reçoit la *valeur* résolue comme argument.
  - `enCasDeRejet` : Cette fonction est appelée si la promesse est *rejetée*. Elle reçoit la *raison* du rejet (généralement une erreur) comme argument.
- `catch(enCasDeRejet)` : Un raccourci pour `then(null, enCasDeRejet)`. Il est utilisé spécifiquement pour gérer les rejets (erreurs).
- `finally(enFin)` : Cette méthode est appelée lorsque la promesse est réglée (soit résolue, soit rejetée). Elle est utile pour les opérations de nettoyage qui doivent toujours s'exécuter, quel que soit le succès ou l'échec. Le callback `enFin` ne reçoit *aucun* argument.

```
maPromesse
  .then(function(valeur) {
    console.log("Succès :", valeur); // Gérer la résolution réussie
  })
  .catch(function(erreur) {
    console.error("Erreur :", erreur); // Gérer le rejet
  })
  .finally(function() {
    console.log("Promesse réglée (soit résolue, soit rejetée).");
  });

  //Ordre de sortie en cas de succès :
  // Promesse réglée (soit résolue, soit rejetée).
  // Succès : Opération réussie !

  //Ordre de sortie en cas d'erreur :
  // Promesse réglée (soit résolue, soit rejetée).
  // Erreur : Opération échouée !
```

## Chaînage de promesses

L'une des fonctionnalités les plus puissantes des promesses est que then() et catch() *retournent de nouvelles promesses*. Cela vous permet de les *chaîner* ensemble pour gérer des séquences d'opérations asynchrones d'une manière propre et lisible.

```
function operationAsynchrone1() {
  return new Promise(function(resolve, reject) {
    setTimeout(function() {
      console.log("Opération asynchrone 1 terminée");
      resolve("Résultat 1");
    }, 1000);
  });
}

function operationAsynchrone2(entree) {
  return new Promise(function(resolve, reject) {
    setTimeout(function() {
      console.log("Opération asynchrone 2 terminée (entrée :", entree + ")");
      resolve("Résultat 2");
    }, 500);
  });
}

function operationAsynchrone3(entree) {
    return new Promise((resolve, reject) => {
        setTimeout(() => {
            console.log(`Opération asynchrone 3 terminée (entrée : ${entree})`);
```

```
            reject("Opération 3 a échoué");
        }, 500); // Simuler une erreur
    });
}

operationAsynchrone1()
  .then(function(resultat1) {
    return operationAsynchrone2(resultat1); // Retourner une nouvelle promesse
  })
  .then(function(resultat2) {
    return operationAsynchrone3(resultat2);  // Retourner une autre Promesse
  }).catch((error) => {
    console.log(error); // Sortie: Opération 3 a échoué
  });
```

Explication :

1. operationAsynchrone1() renvoie une promesse qui se résout après 1 seconde.
2. Nous appelons .then() sur cette promesse. Le callback enCasDeResolution reçoit le résultat ("Résultat 1").
3. *À l'intérieur* de ce callback enCasDeResolution, nous *retournons* le résultat de l'appel de operationAsynchrone2("Résultat 1"), qui *est aussi une promesse*. C'est la clé du chaînage.
4. Nous enchaînons ensuite un autre .then() pour gérer le résultat de operationAsynchrone2.
5. Nous enchaînons ensuite un autre .then() pour gérer le résultat de operationAsynchrone3.
6. À la fin, nous appelons .catch() pour gérer toute erreur pouvant survenir.

Si *n'importe quelle* promesse de la chaîne est rejetée, les callbacks then() suivants sont ignorés, et le premier gestionnaire .catch() de la chaîne est appelé.

## Gestion des erreurs dans les promesses

Comme mentionné, vous utilisez .catch() pour gérer les erreurs dans les chaînes de promesses. Il est conseillé d'inclure toujours un .catch() à la fin de votre chaîne de promesses pour gérer tout rejet potentiel. Si vous ne gérez pas un rejet de promesse, vous obtiendrez une erreur "Uncaught (in promise)" dans votre console.

Vous pouvez utiliser plusieurs .catch() au besoin.

```
operationAsynchrone1()
.then(()=>{
    return operationAsynchrone2();
})
.then(()=>{
    return operationAsynchrone3();
```

```
})
.catch(error => {
    console.log(`Premier Catch ${error}`); //Premier Catch Opération 3 a échoué
})
.then(()=>{
    return operationAsynchrone1();
})
.catch((error) => {
    console.log(`Deuxième Catch ${error}`);
});
```

# Promise.all(),Promise.race(), Promise.allSettled(),Promise.any()

L'objet Promise fournit plusieurs méthodes statiques pour travailler avec plusieurs promesses à la fois :

- Promise.all(iterable) : Prend un *itérable* (généralement un tableau) de promesses et renvoie une nouvelle promesse. Cette nouvelle promesse est :
  - *Résolue* si *toutes* les promesses d'entrée sont résolues. La valeur résolue est un *tableau* contenant les valeurs résolues des promesses d'entrée, dans le même ordre.
  - *Rejetée* si *l'une* des promesses d'entrée est rejetée. La raison du rejet est la raison de la première promesse qui a été rejetée.

```
let promesse1 = Promise.resolve(1);
let promesse2 = Promise.resolve(2);
let promesse3 = Promise.resolve(3);
// let promesse3 = Promise.reject("Erreur") //Tester le rejet

Promise.all([promesse1, promesse2, promesse3])
  .then(function(valeurs) {
    console.log(valeurs); // Sortie : [ 1, 2, 3 ] (un tableau de valeurs
résolues)
  })
  .catch(function(erreur) {
    console.error(erreur);
    // Sortie : Erreur si une promesse est rejetée.
  });
```

- Promise.race(iterable) : Prend un itérable de promesses et renvoie une nouvelle promesse qui se résout ou se rejette dès que *l'une* des promesses d'entrée se résout ou se rejette, avec la valeur ou la raison de cette promesse. C'est comme une "course" entre les promesses.

```
let promesse1 = new Promise((resolve) => setTimeout(resolve, 500, "un"));
```

```
let promesse2 = new Promise((resolve) => setTimeout(resolve, 100, "deux"));

Promise.race([promesse1, promesse2]).then(function(valeur) {
  console.log(valeur); // Sortie : "deux" (car promesse2 se résout plus vite)
});

let promesse3 = new Promise((res, rej) => { setTimeout(rej, 200, "Erreur") });
let promesse4 = new Promise((resolve) => { setTimeout(resolve, 400,
"Succès") });
Promise.race([promesse3, promesse4])
    .then(value => {
        console.log(value);
    }).catch(error => {
        console.log(error);        // Sortie : Erreur
    });
```

- Promise.allSettled(iterable) : Prend un itérable de promesses et renvoie une nouvelle promesse qui se résout après que *toutes* les promesses d'entrée se sont *réglées* (soit résolues, soit rejetées). La valeur résolue est un tableau d'objets, chacun décrivant le résultat de chaque promesse :
  - ▸ { status: "fulfilled", value: ... }
  - ▸ { status: "rejected", reason: ... }

```
const promesse1 = Promise.resolve(3);
const promesse2 = new Promise((resolve) => setTimeout(resolve, 100, "foo"));
const promesse3 = Promise.reject("Erreur");
const promesses = [promesse1, promesse2, promesse3];

Promise.allSettled(promesses).then((resultats) => {
  console.log(resultats);
// Sortie :
// [
//   { status: 'fulfilled', value: 3 },
//   { status: 'fulfilled', value: 'foo' },
//   { status: 'rejected', reason: 'Erreur' }
// ]
});
```

- Promise.any(iterable) : se résout si l'une des promesses données est résolue.

```
const promesse1 = Promise.reject(0);
const promesse2 = new Promise((resolve) => setTimeout(resolve, 100, "rapide"));
const promesse3 = new Promise((resolve) => setTimeout(resolve, 500, "lent"));

const promesses = [promesse1, promesse2, promesse3];

Promise.any(promesses).then((valeur) => console.log(valeur)); // Sortie : rapide
```

# 16.5    Async/Await

async/await est un sucre syntaxique construit au-dessus des promesses. Il rend le code asynchrone plus semblable au code synchrone, ce qui peut considérablement améliorer la lisibilité, en particulier pour les flux de travail asynchrones complexes. async/await a été introduit dans ES2017.

## Fonctions `async`

Le mot-clé async est utilisé pour déclarer une *fonction asynchrone*. Une fonction async renvoie *toujours* une promesse, même si vous n'en retournez pas une explicitement.

```
async function maFonction() {
  return "Bonjour";
}

maFonction().then(function(valeur) {
  console.log(valeur); // Sortie : Bonjour
});
```

Même si maFonction ne crée pas explicitement une promesse, parce qu'elle est déclarée avec async, elle renvoie implicitement une promesse qui se résout avec la valeur "Bonjour".

## Le mot-clé `await`

Le mot-clé await ne peut être utilisé qu'*à l'intérieur* d'une fonction async. Il *met en pause* l'exécution de la fonction async jusqu'à ce que la promesse à sa droite soit réglée (résolue ou rejetée).

- Si la promesse est résolue, await *retourne* la valeur résolue.
- Si la promesse est rejetée, await *lève* la raison du rejet (comme s'il s'agissait d'une erreur normale).

```
async function obtenirDonnees() {
  let promesse = new Promise((resolve) => {
    setTimeout(() => resolve("Données récupérées !"), 1000);
  });

  let resultat = await promesse; // Attendre que la promesse soit résolue

  console.log(resultat); // Sortie : Données récupérées ! (après 1 seconde)
  console.log("Fin de obtenirDonnees");
}

obtenirDonnees();
console.log("Après l'appel de obtenirDonnees"); // Ceci s'exécute *avant* que la
promesse ne soit résolue
```

```
// Sortie :
// Après l'appel de obtenirDonnees
// (après 1 seconde) Données récupérées !
// Fin de obtenirDonnees
```

Explication :

1. obtenirDonnees est une fonction async.
2. À l'intérieur de obtenirDonnees, nous créons une promesse qui simule la récupération de données (en utilisant setTimeout).
3. let resultat = await promesse; C'est la ligne clé. await fait ce qui suit :
   ▸ Il *met en pause* l'exécution de obtenirDonnees jusqu'à ce que promesse soit résolue ou rejetée. Il ne bloque *pas* le thread principal ; un autre code en dehors de obtenirDonnees peut continuer à s'exécuter.
   ▸ Une fois que promesse est résolue, la valeur résolue ("Données récupérées !") est affectée à resultat.
   ▸ Si promesse était rejetée, await lancerait une erreur.
4. Après le await, le reste de la fonction obtenirDonnees continue de s'exécuter.

Notez comment le mot-clé await rend le code asynchrone plus *ressemblant* à du code synchrone. Nous n'avons pas de chaînes .then() ; au lieu de cela, nous pouvons affecter le résultat de l'opération asynchrone à une variable en utilisant let resultat = await promesse;, comme nous le ferions avec du code synchrone.

## Gestion des erreurs avec try...catch

Parce que await lève une erreur si la promesse attendue est rejetée, vous pouvez utiliser des blocs try...catch standard pour gérer les erreurs dans les fonctions async/await. C'est un avantage significatif par rapport aux callbacks imbriqués ou même aux chaînes de promesses, car cela fournit un moyen plus familier et centralisé de gérer les erreurs.

```
async function recupererDonnees() {
  try {
    let reponse = await fetch("https://api.example.com/data"); // Supposons que
cela renvoie une promesse
    let donnees = await reponse.json(); // Supposons que reponse.json() renvoie
également une promesse
    console.log("Données :", donnees);
    return donnees;
  } catch (erreur) {
    console.error("Erreur lors de la récupération des données :", erreur);
    return null; // Ou une valeur par défaut, ou relancer l'erreur
  }
}
```

```
recupererDonnees();
```

- Si *l'une* des expressions `await` dans le bloc `try` aboutit à une promesse rejetée, l'exécution passe immédiatement au bloc `catch`.
- Le bloc `catch` reçoit la raison du rejet (généralement un objet erreur) comme argument.
- À l'intérieur du bloc `catch`, vous pouvez gérer l'erreur de manière appropriée (l'enregistrer, afficher un message à l'utilisateur, réessayer l'opération, etc.).
- Si vous `return` depuis l'intérieur du bloc `catch`, alors il sera passé comme `resolve`.
- Si vous `throw` depuis l'intérieur du bloc `catch`, alors il sera passé comme `reject`.

## Convertir les callbacks en promesses

Si vous avez du code existant qui utilise des callbacks, vous pouvez souvent le "promisifier" - c'est-à-dire, le convertir pour utiliser des promesses.

```
// Fonction basée sur un callback
function obtenirDonneesUtilisateur(idUtilisateur, callback) {
  setTimeout(function() {
    if (idUtilisateur === 1) {
      callback(null, { id: 1, nom: "Alice" });
    } else {
      callback("Utilisateur non trouvé", null);
    }
  }, 1000);
}


// Version promisifiée
function obtenirDonneesUtilisateurPromesse(idUtilisateur) {
  return new Promise(function(resolve, reject) {
    obtenirDonneesUtilisateur(idUtilisateur, function(erreur, utilisateur) {
      if (erreur) {
        reject(erreur);
      } else {
        resolve(utilisateur);
      }
    });
  });
}


// Utilisation de la fonction promisifiée avec async/await
async function obtenirUtilisateur() {
  try {
    let utilisateur = await obtenirDonneesUtilisateurPromesse(1);
    console.log(utilisateur);
  } catch (erreur) {
    console.log(erreur);
```

```
    }
  }
obtenirUtilisateur(); // Sortie : { id: 1, nom: 'Alice' }
```

La fonction `obtenirDonneesUtilisateurPromesse` enveloppe l'appel original de `obtenirDon-neesUtilisateur` dans une promesse. C'est un modèle courant pour adapter les anciennes API basées sur des callbacks pour qu'elles fonctionnent avec des promesses et `async/await`.

## 16.6 Résumé

Ce chapitre a couvert le sujet essentiel du JavaScript asynchrone, expliquant pourquoi il est nécessaire et comment gérer les opérations asynchrones en utilisant trois techniques clés : les callbacks, les promesses et async/await. Vous avez appris à créer et à utiliser des promesses, à les chaîner pour des opérations séquentielles, à gérer plusieurs promesses avec `Promise.all()`, `Promise.race()`, `Promise.allSettled` et `Promise.any`, et à utiliser `async/await` pour écrire un code asynchrone plus propre et plus lisible. Vous avez également appris la gestion des erreurs avec chacun des trois, ainsi que la conversion des callbacks en promesses. Ces concepts sont fondamentaux pour le développement JavaScript moderne, en particulier pour des tâches telles que les requêtes réseau, les E/S de fichiers et la gestion des interactions utilisateur qui impliquent des délais. Dans le prochain chapitre, vous allez consolider votre compréhension de JavaScript asynchrone en apprenant à faire des requêtes asynchrones en utilisant AJAX et l'API `fetch`.

# 17

# Effectuer des requêtes réseau

Les applications Web ont souvent besoin de communiquer avec des serveurs pour récupérer des données, soumettre des informations ou effectuer d'autres opérations. Cette communication se fait généralement sur le réseau en utilisant HTTP (Hypertext Transfer Protocol). En JavaScript, il existe deux principaux moyens d'effectuer des requêtes réseau :

- **AJAX (Asynchronous JavaScript and XML)** : Il s'agit d'un terme général désignant les techniques qui permettent aux pages Web d'envoyer et de recevoir des données d'un serveur de manière *asynchrone*, sans nécessiter un rechargement complet de la page. La façon traditionnelle d'effectuer des requêtes AJAX en JavaScript était d'utiliser l'objet `XML-HttpRequest`.
- **API Fetch** : Une interface plus moderne et pratique pour effectuer des requêtes réseau. L'API Fetch est basée sur les promesses, ce qui la rend plus facile à utiliser que l'ancienne `XMLHttpRequest`.

Ce chapitre se concentrera principalement sur l'API Fetch, car c'est l'approche recommandée pour la plupart des scénarios de développement Web. Nous aborderons également brièvement `XMLHttpRequest` pour le contexte historique et pour vous aider à comprendre le code plus ancien.

## 17.1   Qu'est-ce qu'AJAX (Asynchronous JavaScript and XML) ?

AJAX n'est pas une technologie spécifique, mais plutôt un *ensemble de techniques* qui permettent aux pages Web de mettre à jour le contenu de manière dynamique sans recharger toute la page. Cela permet une expérience utilisateur plus fluide et plus réactive. Même si "XML" est dans le nom, AJAX est couramment utilisé pour échanger des données dans d'autres formats, en particulier JSON (JavaScript Object Notation).

Principales caractéristiques d'AJAX :

- **Asynchrone** : Les requêtes sont effectuées en arrière-plan, sans bloquer le thread principal. Le navigateur reste réactif.
- **Mises à jour partielles de la page** : Seules des parties spécifiques de la page sont mises à jour, plutôt que de recharger toute la page.
- **Échange de données** : Généralement utilisé pour envoyer des données à un serveur et recevoir des données en retour (souvent au format JSON).

## 17.2 L'ancienne méthode : `XMLHttpRequest`

Avant l'API Fetch, l'objet `XMLHttpRequest` (XHR) était le moyen standard d'effectuer des requêtes AJAX. Bien que vous rencontriez encore XHR dans du code plus ancien, l'API Fetch est généralement préférée pour les nouveaux développements en raison de sa syntaxe plus propre et de sa nature basée sur les promesses.

Voici un exemple très basique d'utilisation de `XMLHttpRequest` pour effectuer une requête GET :

```
let xhr = new XMLHttpRequest();

xhr.open("GET", "https://api.example.com/data"); // Configurer la requête

xhr.onload = function() { // Définir une fonction de rappel pour lorsque la
requête est terminée
  if (xhr.status >= 200 && xhr.status < 300) { // Vérifier les codes de statut
de succès (2xx)
    console.log("Succès :", xhr.response); // xhr.response contient les données
de la réponse
  } else {
    console.error("La requête a échoué :", xhr.status, xhr.statusText);
  }
};

xhr.onerror = function() { // Définir une fonction de rappel pour les erreurs
réseau
  console.error("Erreur réseau");
};

xhr.send(); // Envoyer la requête
```

Éléments clés de l'approche `XMLHttpRequest` :

- `new XMLHttpRequest()` : Crée un nouvel objet XHR.
- `xhr.open(methode, url)` : Configure la requête :
  - `methode` : La méthode HTTP (par exemple, "GET", "POST", "PUT", "DELETE").
  - `url` : L'URL à laquelle envoyer la requête.

- `xhr.onload` : Une fonction de rappel qui est exécutée lorsque la requête se termine avec succès. Les données de la réponse sont disponibles dans `xhr.response` (ou `xhr.responseText` pour les données textuelles).
- `xhr.status` : Le code de statut HTTP de la réponse (par exemple, 200 pour OK, 404 pour Not Found, 500 pour Internal Server Error).
- `xhr.statusText` : Une description textuelle du code de statut (par exemple, "OK", "Not Found").
- `xhr.onerror` : Une fonction de rappel qui est exécutée si une erreur réseau se produit.
- `xhr.send()` : Envoie la requête. Pour les requêtes POST, vous pouvez passer les données à envoyer en tant qu'argument à `xhr.send()`.

`XMLHttpRequest` est plus verbeux et moins intuitif que l'API Fetch. Il repose sur des gestionnaires d'événements (`onload`, `onerror`) plutôt que sur des promesses, ce qui rend plus difficile le chaînage des opérations asynchrones et la gestion propre des erreurs.

# 17.3    L'API Fetch

L'API Fetch fournit une interface plus moderne et plus puissante pour effectuer des requêtes réseau. Elle est construite sur des promesses, ce qui facilite le travail avec du code asynchrone et la gestion des erreurs avec élégance.

## Effectuer des requêtes GET

La façon la plus simple d'utiliser l'API Fetch est de faire une requête GET (récupérer des données d'un serveur) :

```
fetch("https://api.example.com/data") // L'URL à récupérer
  .then(function(reponse) {
    // Ce callback gère l'objet *réponse*
    if (reponse.ok) {
      // Vérifier si la requête a réussi (statut dans la plage 200-299)
      return reponse.json(); // Analyser le corps de la réponse en JSON (renvoie
une autre promesse)
    } else {
      throw new Error("La réponse réseau n'était pas ok : " + reponse.status);
    }
  })
  .then(function(donnees) {
    // Ce callback gère les *données JSON analysées*
    console.log("Données :", donnees);
  })
  .catch(function(erreur) {
    // Ceci gère toutes les erreurs qui se sont produites pendant la
récupération
    console.error("Erreur lors de la récupération des données :", erreur);
```

```
  });
```

Explication :

1. `fetch(url)` : La fonction `fetch()` prend l'URL à récupérer comme argument. Elle renvoie une *promesse* qui représente l'achèvement éventuel (ou l'échec) de la requête réseau.

2. `.then(reponse => ...)` : Le premier gestionnaire `.then()` reçoit un objet `Response`. Cet objet *représente l'ensemble de la réponse HTTP*, y compris les en-têtes, le code de statut, etc.

   ▸ `reponse.ok` : Une propriété booléenne qui indique si la requête a réussi (code de statut dans la plage 200-299).
   ▸ `reponse.status` : Le code de statut HTTP (par exemple, 200, 404).
   ▸ `reponse.statusText` : Le texte du statut (par exemple, "OK", "Not Found").
   ▸ `reponse.json()` : Cette méthode *analyse le corps de la réponse en tant que JSON*. Fondamentalement, `reponse.json()` *renvoie également une promesse*. C'est parce que l'analyse de JSON peut prendre du temps.
   ▸ `reponse.text()` : Analyse le corps de la réponse en tant que texte brut (renvoie une promesse).
   ▸ `reponse.blob()` : Analyse la réponse en tant que Blob (données binaires).
   ▸ `reponse.formData()` : Analyse la réponse en tant que FormData.
   ▸ `response.arrayBuffer()`: Analyse le corps de la réponse en tant queArrayBuffer, une mémoire tampon de données binaires brutes.
   ▸ `reponse.headers` : Un objet `Headers` contenant les en-têtes de la réponse.

3. `.then(donnees => ...)` : Le second gestionnaire `.then()` reçoit les *données JSON analysées* (parce que nous avons appelé `reponse.json()` dans le gestionnaire précédent). C'est là que vous travaillez généralement avec les données reçues du serveur.

4. `.catch(erreur => ...)` : Le gestionnaire `.catch()` intercepte toutes les erreurs qui se sont produites pendant l'ensemble de l'opération de récupération, y compris les erreurs réseau, les erreurs d'analyse ou les erreurs levées manuellement (comme nous l'avons fait avec `throw new Error(...)`).

## Effectuer des requêtes POST

Pour effectuer une requête POST (envoyer des données au serveur), vous fournissez un *objet d'options* comme deuxième argument à `fetch()` :

```
let donneesAEnvoyer = {
  nom: "Alice",
  email: "alice@example.com"
};

fetch("https://api.example.com/users", {
  method: "POST", // Spécifier la méthode HTTP
  headers: {
```

```
    "Content-Type": "application/json" // Indiquer au serveur que nous envoyons
du JSON
  },
  body: JSON.stringify(donneesAEnvoyer) // Convertir les données en une chaîne
JSON
})
  .then(reponse => {
    if (!reponse.ok) {
      throw new Error(`Erreur HTTP ! statut : ${reponse.status}`);
    }
    return reponse.json();
  })
  .then(donnees => {
    console.log("Succès :", donnees); // Gérer la réponse du serveur
  })
  .catch(erreur => {
    console.error("Erreur :", erreur);
  });
```

Changements clés pour les requêtes POST :

- `method: "POST"` : Nous définissons la propriété `method` dans l'objet d'options à "POST".
- `headers` : Nous définissons l'en-tête `Content-Type` à "application/json" pour indiquer que nous envoyons des données JSON. D'autres types de contenu courants incluent :
    - `"text/plain"`
    - `"multipart/form-data"` (pour les téléchargements de fichiers)
    - `"application/x-www-form-urlencoded"`
- `body` : Nous sérialisons les données que nous voulons envoyer en utilisant `JSON.string-ify()` et les définissons comme `body` de la requête.

D'autres méthodes HTTP (PUT, DELETE, PATCH) sont utilisées de la même manière, en changeant la propriété `method` dans l'objet d'options. Par exemple, pour supprimer :

```
fetch('https://example.com/api', {
    method: 'DELETE'
})
  .then(response => response.json())
  .then(data => console.log(data))
  .catch((error) => {
      console.error('Error:', error);
  });
```

## Gestion des réponses

Comme mentionné précédemment, l'objet `Response` fournit des méthodes pour analyser le corps de la réponse dans différents formats :

- `reponse.json()` : Analyse le corps en tant que JSON (le plus courant pour les API).
- `reponse.text()` : Analyse le corps en tant que texte brut.
- `reponse.blob()` : Analyse le corps en tant que Blob (Binary Large Object), ce qui est utile pour gérer les fichiers (images, audio, vidéo, etc.).
- `reponse.formData()` : Analyse le corps en tant qu'objet `FormData`. Utile pour les réponses des soumissions de formulaires.
- `reponse.arrayBuffer()`: Analyse le corps de la réponse en tant que`ArrayBuffer`, une mémoire tampon de données binaires brutes.

Vous *devez* choisir la méthode d'analyse appropriée en fonction du type de contenu attendu de la réponse.

## Définition des en-têtes de requête

Vous pouvez définir des en-têtes personnalisés dans l'objet d'options passé à `fetch()` :

```
fetch("https://api.example.com/data", {
  method: "GET",
  headers: {
    Authorization: "Bearer mon-jeton-api", // Exemple : en-tête d'autorisation
    Accept: "application/json", // Indiquer au serveur que nous voulons du JSON
    "X-En-Tete-Personnalise": "Ma Valeur" // Tout en-tête personnalisé dont vous
avez besoin
  }
});
// ... reste de la chaîne fetch ...
```

La propriété `headers` est un objet où les clés sont les noms d'en-tête et les valeurs sont les valeurs d'en-tête. Les en-têtes courants incluent :

- `Authorization` : Utilisé pour l'authentification (par exemple, clés API, jetons OAuth).
- `Content-Type` : Spécifie le format du corps de la requête (pour POST, PUT, PATCH).
- `Accept` : Spécifie le format souhaité de la réponse.

## Gestion des erreurs

Une gestion robuste des erreurs est cruciale lors des requêtes réseau. La méthode `.catch()` dans l'API Fetch est votre principal outil pour gérer les erreurs. Les erreurs peuvent survenir pour diverses raisons :

- **Erreurs réseau** : La connexion Internet de l'utilisateur est interrompue, le serveur est inaccessible, la résolution DNS échoue, etc.
- **Erreurs HTTP** : Le serveur renvoie un code de statut d'erreur (4xx ou 5xx).
- **Erreurs d'analyse** : Le corps de la réponse ne peut pas être analysé (par exemple, JSON non valide).
- **Autres erreurs** : Erreurs que vous lancez manuellement dans vos gestionnaires `.then()`.

```
fetch("https://api.example.com/data")
  .then(reponse => {
    if (!reponse.ok) {
      // Vérifier les erreurs HTTP (statut non compris entre 200 et 299)
      throw new Error(
        "La réponse réseau n'était pas ok : " +
        reponse.status +
        " " +
        reponse.statusText
      );
      // ou vous pouvez lancer un message personnalisé
     // throw new Error("Message d'erreur personnalisé")
    }
    return reponse.json();
  })
  .then(donnees => {
    console.log("Données :", donnees);
  })
  .catch(erreur => {
    console.error("Erreur lors de la récupération des données :", erreur);
    // Afficher un message d'erreur à l'utilisateur, réessayer la requête, etc.
  });
```

Il est conseillé de vérifier reponse.ok à l'intérieur de votre premier gestionnaire .then() et de lever une erreur si la réponse n'a pas réussi. Cela garantit que votre gestionnaire .catch() interceptera à la fois les erreurs réseau et les erreurs HTTP. Vous pouvez également choisir de gérer les erreurs dans différents blocs catch.

# 17.4   Travailler avec les API

L'une des utilisations les plus courantes de l'API Fetch est d'interagir avec les API Web (Application Programming Interfaces). Les API permettent à votre code JavaScript de demander des données et d'interagir avec des services externes (par exemple, données météorologiques, flux de médias sociaux, services de cartographie, etc.). De nombreuses API utilisent JSON comme format de données.

Voici un exemple de récupération de données à partir d'une API publique (JSONPlaceholder, une fausse API REST en ligne pour les tests) :

```
fetch("https://jsonplaceholder.typicode.com/posts/1") // Obtenir un seul article
  .then(reponse => {
    if (!reponse.ok) {
      throw new Error("La réponse réseau n'était pas ok");
    }
    return reponse.json();
  })
```

```
    .then(article => {
      console.log("Article :", article);
      // Sortie : { userId: 1, id: 1, title: "...", body: "..." }

      // Afficher les données de l'article sur la page
      let sortie = document.getElementById("output");
      sortie.innerHTML = `
        <h2>${article.title}</h2>
        <p>${article.body}</p>
      `;
    })
    .catch(erreur => {
      console.error("Erreur lors de la récupération de l'article :", erreur);
    });
```

# JSON et objet JavaScript

JSON (JavaScript Object Notation) est un format d'échange de données léger. Il est facile à lire et à écrire pour les humains. Il est facile à analyser et à générer pour les machines. Il est basé sur un sous-ensemble du langage de programmation JavaScript. JSON est un format texte qui est complètement indépendant du langage mais utilise des conventions familières aux programmeurs de la famille de langages C.

Une valeur JSON peut être un objet, un tableau, un nombre, une chaîne, `true`, `false` ou `null`, et la structure JSON peut imbriquer ces valeurs.

```
// Exemple d'objet JSON
let json = `{
 "nom": "Jean Dupont",
 "age": 30,
 "estMarie": true,
 "loisirs": ["lecture", "randonnée", "codage"],
 "adresse": {
 "rue": "123 Rue Principale",
 "ville": "Paris"
 }
}`;
```

# Analyser

Pour convertir cette chaîne JSON en un objet JavaScript, vous pouvez utiliser la méthode parse que nous avons abordée dans les chapitres précédents :

```
let obj = JSON.parse(json);
console.log(obj.nom); // Sortie : Jean Dupont
```

## 17.5    Résumé

Ce chapitre a couvert la façon d'effectuer des requêtes réseau en JavaScript en utilisant l'API Fetch et a brièvement abordé l'ancienne `XMLHttpRequest`. Vous avez appris à effectuer des requêtes GET et POST, à gérer différents formats de réponse (JSON, texte, blobs), à définir des en-têtes de requête, à gérer les erreurs et à interagir avec des API externes. L'API Fetch, combinée aux promesses et à `async/await`, offre un moyen puissant et moderne de communiquer avec les serveurs et de créer des applications Web dynamiques et pilotées par les données. Dans la prochaine partie de ce livre, nous explorerons le JavaScript modulaire.

# 18

# Modules JavaScript

À mesure que vos projets JavaScript grandissent en taille et en complexité, il devient de plus en plus important d'organiser votre code en unités gérables et réutilisables. Les *modules* offrent un moyen de le faire. Un module est un morceau de code autonome avec sa propre portée, qui peut *exporter* des valeurs (fonctions, variables, objets, etc.) qui peuvent être *importées* et utilisées par d'autres modules.

L'utilisation de modules offre plusieurs avantages :

- **Maintenabilité** : Le code est décomposé en unités logiques plus petites, ce qui le rend plus facile à comprendre, à modifier et à déboguer.
- **Réutilisabilité** : Les modules peuvent être réutilisés dans différentes parties de votre application ou même dans différents projets.
- **Gestion de l'espace de noms** : Les modules empêchent les conflits de noms en encapsulant leurs variables et fonctions dans leur propre portée. Cela évite de polluer la portée globale.
- **Encapsulation** : Les modules peuvent masquer les détails internes et exposer uniquement une interface publique bien définie.
- **Gestion des dépendances** : Les modules déclarent explicitement leurs dépendances (les autres modules dont ils dépendent), ce qui facilite la gestion de la structure de votre projet.

Historiquement, JavaScript manquait de prise en charge intégrée des modules. Les développeurs utilisaient diverses solutions de contournement (comme les IIFE, le modèle de module et des bibliothèques comme RequireJS) pour parvenir à la modularité. Cependant, à partir d'ES6 (ECMAScript 2015), JavaScript a introduit la prise en charge native des modules, qui sont maintenant largement pris en charge par les navigateurs modernes et Node.js. Ce chapitre se concentrera sur ces *modules ES*.

# 18.1 Pourquoi utiliser des modules ?

Illustrons les avantages des modules avec un exemple. Imaginez que vous avez un grand fichier JavaScript (app.js) avec de nombreuses fonctions et variables :

**Sans modules (tout dans app.js) :**

```
// app.js (sans modules)

function saluer(nom) {
  console.log("Bonjour, " + nom + " !");
}

function calculerAire(largeur, hauteur) {
  return largeur * hauteur;
}

let maVariable = 10;

saluer("Alice");
let aire = calculerAire(5, 8);
console.log("Aire :", aire);

// ... beaucoup plus de fonctions et de variables ...
```

Cette approche a plusieurs problèmes :

- **Pollution de la portée globale** : Toutes les fonctions et variables (saluer, calculerAire, maVariable) sont dans la portée globale. Si vous aviez un autre fichier de script avec une fonction nommée saluer, vous auriez un conflit de noms.
- **Difficile à maintenir** : Au fur et à mesure que le fichier grandit, il devient plus difficile de trouver et de gérer des morceaux de code spécifiques.
- **Pas de dépendances claires** : Il n'est pas immédiatement évident quelles parties du code dépendent d'autres parties.

Maintenant, voyons comment nous pourrions organiser ce code en utilisant des modules :

**Avec des modules :**

```
// salutation.js (un module)
export function saluer(nom) {
  console.log("Bonjour, " + nom + " !");
}

// utilitairesMath.js (un autre module)
export function calculerAire(largeur, hauteur) {
  return largeur * hauteur;
}
```

```
// app.js (fichier principal de l'application)
import { saluer } from "./salutation.js";
import { calculerAire } from "./utilitairesMath.js";

saluer("Alice");
let aire = calculerAire(5, 8);
console.log("Aire :", aire);
```

- Nous avons divisé le code en trois fichiers distincts : `salutation.js`, `utilitairesMath.js` et `app.js`.
- Chaque fichier représente un module.
- `salutation.js` *exporte* la fonction `saluer`.
- `utilitairesMath.js` *exporte* la fonction `calculerAire`.
- `app.js` *importe* les fonctions dont il a besoin à partir des autres modules.

Cette approche modulaire est beaucoup plus propre :

- **Pas de pollution de la portée globale** : Les fonctions sont contenues dans leurs modules respectifs.
- **Maintenabilité améliorée** : Le code est organisé en unités logiques.
- **Dépendances claires** : Les instructions `import` dans `app.js` montrent clairement ses dépendances.
- **Réutilisabilité** : Les modules sont indépendants et peuvent être réutilisés.

# 18.2 Les anciennes méthodes

Avant les modules ES, diverses techniques étaient utilisées pour réaliser la modularité en JavaScript :

## IIFE (Immediately Invoked Function Expressions)

Les IIFE (vues au chapitre 4) étaient souvent utilisées pour créer une portée privée et éviter la pollution de la portée globale.

```
// Exemple d'utilisation d'une IIFE pour la modularité
let monModule = (function() {
  let variablePrivee = "Ceci est privé";

  function fonctionPrivee() {
    console.log("Fonction privée");
  }

  return {
    variablePublique: "Ceci est public",
    methodePublique: function() {
```

```
      console.log(variablePrivee); // Accède à variablePrivee via la closure
    }
  };
})();
```

```
console.log(monModule.variablePublique); // Sortie : Ceci est public
monModule.methodePublique(); // Sortie : Ceci est privé
// console.log(monModule.variablePrivee); // Erreur ! Non accessible
```

Les IIFE fournissent un certain degré d'encapsulation, mais elles n'ont pas de moyen standardisé de gérer les dépendances entre les modules.

# CommonJS

CommonJS est un format de module principalement utilisé dans Node.js. Il utilise la fonction `require()` pour importer des modules et l'objet `module.exports` pour exporter des valeurs.

```
// utilitairesMath.js (module CommonJS)
function additionner(x, y) {
  return x + y;
}

function soustraire(x, y) {
  return x - y;
}

module.exports = {
  additionner: additionner,
  soustraire: soustraire
};

// app.js (en utilisant CommonJS)
const utilitairesMath = require("./utilitairesMath.js"); // Remarque: .js peut
ou non être obligatoire
console.log(utilitairesMath.additionner(5, 3)); // Sortie : 8
console.log(utilitairesMath.soustraire(10, 4)); // Sortie : 6
```

CommonJS est synchrone, ce qui signifie que les modules sont chargés un par un. Ceci est adapté aux environnements côté serveur (comme Node.js) mais moins idéal pour les navigateurs, où le chargement asynchrone est préféré.

# AMD (Asynchronous Module Definition)

AMD est un format de module conçu pour le chargement asynchrone dans les navigateurs. Il est utilisé par des bibliothèques comme RequireJS. AMD est moins courant maintenant que les modules ES sont largement pris en charge.

# 18.3 Modules ES (la norme moderne)

Les modules ES (ECMAScript Modules) sont le système de modules natif et standardisé de JavaScript. Ils offrent un moyen propre et efficace d'organiser le code, de gérer les dépendances et d'éviter la pollution de la portée globale.

## Instructions `export` et `import`

Le cœur des modules ES sont les instructions `export` et `import` :

- `export` : Utilisé *à l'intérieur* d'un module pour rendre les valeurs (fonctions, variables, classes, objets) disponibles pour d'autres modules.
- `import` : Utilisé pour *importer* des valeurs qui ont été exportées par d'autres modules.

Il existe deux types principaux d'exportations :

### Exportations nommées

Vous pouvez exporter plusieurs valeurs d'un module par leur nom.

```
// utilitairesMath.js
export function additionner(x, y) {
  return x + y;
}

export function soustraire(x, y) {
  return x - y;
}

export const PI = 3.14159;
```

Pour importer des exportations nommées, vous utilisez des accolades {} et spécifiez les noms des valeurs que vous souhaitez importer :

```
// app.js
import { additionner, soustraire, PI } from "./utilitairesMath.js";

console.log(additionner(5, 3)); // Sortie : 8
console.log(soustraire(10, 4)); // Sortie : 6
console.log(PI); // Sortie : 3.14159
```

- Vous devez utiliser les *noms exacts* des valeurs exportées lors de leur importation.
- Vous pouvez importer uniquement les valeurs spécifiques dont vous avez besoin, plutôt que d'importer l'ensemble du module.
- Vous pouvez renommer les valeurs importées en utilisant le mot-clé as :

```
import { additionner as addition, soustraire as soustraction } from
"./utilitairesMath.js";

console.log(addition(2, 3)); // Sortie: 5
```

## Exportations par défaut

Un module peut avoir *au plus une* exportation par défaut. Ceci est souvent utilisé lorsqu'un module exporte principalement une seule valeur (par exemple, une fonction, une classe ou un objet).

```
// logger.js
export default function enregistrerMessage(message) {
  console.log(message);
}
```

Pour importer une exportation par défaut, vous *n'utilisez pas* d'accolades :

```
// app.js
import enregistrerMessage from "./logger.js"; // Pas d'accolades

enregistrerMessage("Ceci est un message de journalisation.");
```

- Vous pouvez choisir *n'importe quel nom* pour l'exportation par défaut importée (il n'a pas besoin de correspondre au nom utilisé dans le module d'exportation).
- Vous pouvez combiner à la fois l'exportation par défaut et les exportations nommées à partir d'un seul module :

```
// message.js
export default function (msg) {
  console.log(msg);
}
export const NAME = "Jean";
export const AGE = 33;
```

```
// app.js
import nomPersonnalise, { NAME, AGE } from "./message.js";
console.log(NAME); // Jean
console.log(AGE);  // 33
nomPersonnalise("bonjour"); // bonjour
```

- Importer toutes les valeurs en utilisant *

```
// cercle.js
export function aire(rayon) {
    return Math.PI * rayon * rayon;
}
```

```
export function circonference(rayon) {
    return 2 * Math.PI * rayon;
}

// app.js
import * as cercle from "./cercle.js"; // importer tout
console.log(cercle.aire(5));
console.log(cercle.circonference(5));
```

## Importer à partir de fichiers différents

Le ./ dans l'instruction import indique que le module se trouve dans le même répertoire que le fichier actuel. Vous pouvez également importer des modules à partir d'autres répertoires en utilisant des chemins relatifs :

```
import { maFonction } from "./utilitaires/aide.js"; // D'un sous-répertoire
import { autreFonction } from "../composants/ui.js"; // D'un répertoire parent
```

## Importations dynamiques

La fonction import() (remarque : elle *ressemble* à une fonction, mais c'est en fait une syntaxe spéciale) vous permet de charger des modules de manière *dynamique au moment de l'exécution*. Ceci est utile pour :

- **Fractionnement du code (Code Splitting)** : Charger les modules uniquement lorsqu'ils sont réellement nécessaires, améliorant les temps de chargement initiaux.
- **Chargement conditionnel** : Charger des modules en fonction de certaines conditions (par exemple, actions de l'utilisateur, indicateurs de fonctionnalité).

import() renvoie une *promesse* qui se résout en l'objet module.

```
// Importer dynamiquement le module utilitairesMath
async function chargerModuleMath() {
  try {
    const utilitairesMath = await import("./utilitairesMath.js"); // attendre la
promesse
    console.log(utilitairesMath.additionner(5, 3)); // Accéder aux exportations
du module
  } catch (erreur) {
    console.error("Erreur lors du chargement du module", erreur);
  }
}
chargerModuleMath(); // Appeler la fonction asynchrone
// OU utiliser then au lieu de async/await
import("./utilitairesMath.js")
.then((utilitairesMath) => {
```

```
    console.log(utilitairesMath.additionner(5, 3));
})
.catch((error) => {
    console.error("Erreur lors du chargement du module", erreur);
});
```

Points clés :

- `import()` renvoie une promesse.
- Vous utilisez généralement `await` avec `import()` à l'intérieur d'une fonction `async` (ou utilisez `.then()`) pour attendre que le module se charge.
- La promesse se résout en l'objet module, vous donnant accès à ses exportations.
- Si vous devez éviter les erreurs causées par l'importation dynamique, utilisez l'opérateur de chaîne optionnelle `?.` comme ceci :

```
// Importer dynamiquement le module utilitairesMath
async function chargerModuleMath() {
    const utilitairesMath = await import("./utilitairesMath.js"); // attendre la
promesse
    console.log(utilitairesMath?.additionner(5, 3)); // Accéder aux exportations
du module en toute sécurité
}
chargerModuleMath();
```

# 18.4   Utilisation de modules dans le navigateur

Pour utiliser les modules ES dans un navigateur Web, vous devez utiliser la balise `<script>` avec l'attribut `type="module"`.

```
<!DOCTYPE html>
<html>
  <head>
    <title>Exemple de modules ES</title>
  </head>
  <body>
    <script type="module" src="app.js"></script>
  </body>
</html>
```

- `type="module"` : Ceci indique au navigateur que le fichier de script est un module ES.
- Les scripts de module sont *différés* par défaut (ils sont exécutés après l'analyse du document HTML).
- Vous pouvez utiliser les instructions `import` et `export` dans les scripts de module.
- Les modules ont leur propre portée ; ils ne polluent pas la portée globale.

- Vous chargez le *module de niveau supérieur* (le point d'entrée de votre application) en utilisant `<script type="module">`. Ce module peut ensuite importer d'autres modules selon les besoins.

## 18.5    Bundlers de modules

Pour les applications Web plus grandes et plus complexes, des *bundlers de modules* sont couramment utilisés. Les bundlers de modules sont des outils qui prennent votre code source (y compris plusieurs modules) et les combinent en un plus petit nombre de fichiers optimisés (bundles) qui peuvent être chargés par le navigateur.

Les bundlers de modules populaires incluent :

- **Webpack** : Un bundler très puissant et configurable. Il est largement utilisé dans les grands projets.
- **Parcel** : Un bundler sans configuration qui vise la simplicité et la facilité d'utilisation.
- **Rollup** : Se concentre sur la création de bundles petits et efficaces, souvent utilisé pour les bibliothèques.

Les bundlers de modules offrent divers avantages :

- **Gestion des dépendances** : Gèrent automatiquement les dépendances entre vos modules.
- **Fractionnement du code** : Divisent votre code en plusieurs bundles pour améliorer les performances de chargement.
- **Optimisation** : Minifient et optimisent votre code pour la production.
- **Transpilation** : Convertissent le code JavaScript moderne (par exemple, ES6+) en versions plus anciennes compatibles avec les anciens navigateurs (en utilisant des outils comme Babel).
- **Gestion des ressources** : Gèrent d'autres ressources comme le CSS, les images et les polices, pas seulement les fichiers JavaScript.

Les bundlers de modules sont généralement configurés à l'aide de fichiers de configuration (par exemple, `webpack.config.js`, `parcel.config.js`). Ils sont un élément essentiel des flux de travail de développement front-end modernes. Nous n'entrerons pas dans les détails de la configuration des bundlers ici, car c'est un sujet plus avancé.

## 18.6    Résumé

Ce chapitre a présenté les modules ES, le système de modules natif de JavaScript. Vous avez appris à utiliser les instructions `export` et `import` pour organiser le code en modules réutilisables, gérer les dépendances et éviter la pollution de la portée globale. Vous avez également découvert les différents types d'exportations (nommées et par défaut), les importations dynamiques, comment utiliser les modules dans le navigateur avec `<script type="module">`, et une brève introduction aux bundlers de modules. Les modules ES sont un élément fondamental du développement JavaScript moderne, vous permettant d'écrire un code plus propre, plus maintenable et plus évolutif. Dans le prochain chapitre, nous explorerons une autre fonctionnalité puissante de JS, qui est les expressions régulières.

# 19

# Chapitre 19 : Expressions régulières

Les expressions régulières (souvent abrégées en "regex" ou "regexp") sont des outils puissants pour la correspondance de motifs et la manipulation de texte. Elles offrent un moyen concis et flexible de rechercher, d'extraire, de remplacer et de valider des chaînes de caractères en fonction de motifs définis. Vous pouvez considérer les expressions régulières comme un mini-langage pour décrire des motifs de texte.

Les expressions régulières sont utilisées dans une grande variété de tâches de programmation, notamment :

- **Validation d'entrée** : Vérifier si l'entrée utilisateur (par exemple, adresses e-mail, numéros de téléphone, mots de passe) est conforme à des formats spécifiques.
- **Extraction de données** : Extraire des informations spécifiques du texte (par exemple, extraire des dates, des URL ou des codes de produit d'un document).
- **Recherche et remplacement** : Rechercher et remplacer du texte qui correspond à un motif.
- **Analyse de texte** : Décomposer le texte en composants significatifs.
- **Coloration syntaxique** : Identifier les mots-clés, les opérateurs et d'autres éléments du code pour la coloration syntaxique dans les éditeurs de texte et les IDE.

Bien que les expressions régulières puissent sembler intimidantes au début, leur maîtrise est une compétence précieuse pour tout programmeur. Ce chapitre couvrira les bases des expressions régulières en JavaScript, y compris la création d'expressions régulières, l'utilisation de métacaractères et de quantificateurs courants, et l'application des méthodes d'expression régulière.

# 19.1    Que sont les expressions régulières

Une expression régulière est une séquence de caractères qui forme un motif de recherche.

# 19.2    Création d'une expression régulière

En JavaScript, vous pouvez créer des expressions régulières de deux manières :

## Utilisation du constructeur `RegExp`

```
let regex1 = new RegExp("motif"); // Crée une regex qui correspond à la chaîne
littérale "motif"
let regex2 = new RegExp("motif", "gi"); // Crée une regex avec des drapeaux
(global, insensible à la casse)
```

- `new RegExp(motif, drapeaux)` :
  - `motif` : Le motif de l'expression régulière sous forme de chaîne de caractères.
  - `drapeaux` : (Facultatif) Une chaîne de caractères contenant des drapeaux qui modifient le comportement de l'expression régulière (par exemple, "g" pour une recherche globale, "i" pour une recherche insensible à la casse).

Cette approche est utile lorsque le motif n'est pas connu avant l'exécution (par exemple, il est construit dynamiquement à partir de l'entrée de l'utilisateur).

## Utilisation de la notation littérale

C'est la façon la plus courante et la plus concise de créer des expressions régulières. Vous encadrez le motif entre des barres obliques (/).

```
let regex1 = /motif/; // Correspond à la chaîne littérale "motif"
let regex2 = /motif/gi; // Avec des drapeaux (global, insensible à la casse)
```

- Le motif est placé entre les barres obliques.
- Les drapeaux sont ajoutés après la barre oblique fermante.

# 19.3    Utilisation des méthodes d'expressions régulières

## Méthode `test()`

La méthode `test()` est utilisée pour vérifier si la chaîne contient une correspondance du motif ou non et renvoie une valeur booléenne.

```
const str = "Bonjour le monde";
const motif = /monde/;
```

```
const resultat = motif.test(str);
console.log(resultat); // Sortie : true.
```

- RegExp.test(chaine) : Cette méthode teste si l'expression régulière trouve une correspondance dans la chaîne donnée.

## Méthode exec()

La méthode exec() teste une correspondance dans une chaîne et renvoie un tableau contenant
des informations détaillées sur la première correspondance trouvée, ou null si aucune correspondance n'est trouvée.

```
const str = "Bonjour, le monde!";
const motif = /monde/;
const resultat = motif.exec(str);
console.log(resultat); // Sortie : ['monde', index: 11, input: 'Bonjour, le
monde!', groups: undefined]
```

Discutons du résultat de la méthode exec() :

- resultat[0] : La correspondance complète, "monde".
- resultat.index : L'index commence à partir de 0, donc "monde" commence à l'index 11.
- resultat.input : la chaîne d'origine.
- result.groups: Discuté plus loin dans ce chapitre.

# 19.4    Écrire des expressions régulières

Jusqu'à présent, vous avez appris à créer des expressions régulières et à les utiliser. Maintenant,
écrivons-les en découvrant les classes de caractères, les quantificateurs et les groupes.

## Classes de caractères

Les classes de caractères vous permettent de faire correspondre un caractère parmi plusieurs
caractères possibles.

- [abc] : Correspond à *n'importe lequel* des caractères entre crochets (soit "a", "b" ou "c").

```
let regex = /[abc]/;
console.log(regex.test("pomme")); // Sortie : true (contient "a")
console.log(regex.test("banane")); // Sortie : true (contient "a" et "b")
console.log(regex.test("xyz")); // Sortie : false
```

- [a-z] : Correspond à n'importe quelle lettre minuscule de a à z.
- [A-Z] : Correspond à n'importe quelle lettre majuscule de A à Z.
- [0-9] : Correspond à n'importe quel chiffre de 0 à 9.

- [a-zA-Z0-9] : Correspond à n'importe quel caractère alphanumérique (minuscule, majuscule ou chiffre).
- [^abc] : Correspond à n'importe quel caractère *sauf* ceux listés entre les crochets.

```
let regex = /[^0-9]/; // Correspond à n'importe quel caractère qui n'est *pas*
un chiffre
console.log(regex.test("123")); // Sortie : false
console.log(regex.test("abc")); // Sortie : true
console.log(regex.test("123a")); // Sortie : true (à cause du 'a')
```

- **. (Point)** : Correspond à *n'importe quel* caractère *sauf* un caractère de saut de ligne (\n). C'est un joker.
- \d : Correspond à n'importe quel chiffre (identique à [0-9]). (d pour digit (chiffre))
- \w : Correspond à n'importe quel caractère "mot" (alphanumérique plus le caractère de soulignement) : [a-zA-Z0-9_]. (w pour word (mot)).
- \s : Correspond à n'importe quel caractère d'espacement (espace, tabulation, saut de ligne, etc.). (s pour space (espace))

```
let regex = /\d\s\w/; // Correspond à un chiffre, suivi d'un espace, suivi d'un
caractère de mot
console.log(regex.test("1 a")); // Sortie : true
console.log(regex.test("5\tX")); // Sortie : true (la tabulation est un espace)
console.log(regex.test("123")); // Sortie : false (pas d'espace)
console.log(regex.test("a b")); // Sortie : false.
```

- \D : Correspond à n'importe quel caractère qui n'est *pas* un chiffre (l'inverse de \d)
- \W : Correspond à n'importe quel caractère qui n'est *pas* un caractère "mot" (l'inverse de \w).
- \S : Correspond à n'importe quel caractère qui n'est *pas* un caractère d'espacement (l'inverse de \s).

## Quantificateurs

Les quantificateurs spécifient *combien de fois* un caractère ou un groupe doit apparaître.

- * : Correspond au caractère ou au groupe précédent *zéro ou plusieurs* fois.

```
let regex = /ab*/; // Correspond à "a" suivi de zéro ou plusieurs "b"
console.log(regex.test("a")); // Sortie : true
console.log(regex.test("ab")); // Sortie : true
console.log(regex.test("abbb")); // Sortie : true
console.log(regex.test("ac")); // Sortie : true ("a" suivi de zéro "b")
console.log(regex.test("b"));    // Sortie : false
```

- + : Correspond au caractère ou au groupe précédent *une ou plusieurs* fois.

```
let regex = /ab+/; // Correspond à "a" suivi d'un ou plusieurs "b"
console.log(regex.test("a")); // Sortie : false (nécessite au moins un "b")
console.log(regex.test("ab")); // Sortie : true
console.log(regex.test("abbb")); // Sortie : true
console.log(regex.test("ac")); // Sortie : false
```

- ? : Correspond au caractère ou au groupe précédent *zéro ou une* fois (facultatif).

```
let regex = /colou?r/; // Correspond à "color" ou "colour"
console.log(regex.test("color")); // Sortie : true
console.log(regex.test("colour")); // Sortie : true
console.log(regex.test("colouur")); // Sortie : false
```

- {n} : Correspond au caractère ou au groupe précédent exactement n fois.

```
let regex = /a{3}/; // Correspond exactement à trois "a"
console.log(regex.test("aa")); // Sortie : false
console.log(regex.test("aaa")); // Sortie : true
console.log(regex.test("aaaa")); // Sortie : true.  Il correspond aux trois
premiers 'a'.
```

- {n,} : Correspond au caractère ou au groupe précédent *au moins* n fois.

```
let regex = /a{2,}/; // Correspond à deux "a" ou plus
console.log(regex.test("a")); // Sortie : false
console.log(regex.test("aa")); // Sortie : true
console.log(regex.test("aaaa")); // Sortie : true
```

- {n,m} : Correspond au caractère ou au groupe précédent entre n et m fois (inclusif).

```
let regex = /a{2,4}/; // Correspond entre 2 et 4 "a"
console.log(regex.test("a")); // Sortie : false
console.log(regex.test("aa")); // Sortie : true
console.log(regex.test("aaa")); // Sortie : true
console.log(regex.test("aaaa")); // Sortie : true
console.log(regex.test("aaaaa")); // Sortie : true
```

## Ancres

- ^ : Correspond au *début* de la chaîne (ou au début d'une ligne, si le mode multiligne est activé).
- $ : Correspond à la *fin* de la chaîne (ou à la fin d'une ligne, si le mode multiligne est activé).

```
let regex1 = /^bonjour/; // Correspond à "bonjour" au début de la chaîne
console.log(regex1.test("bonjour le monde")); // Sortie : true
```

```
console.log(regex1.test("le monde bonjour")); // Sortie : false

let regex2 = /monde$/; // Correspond à "monde" à la fin de la chaîne
console.log(regex2.test("bonjour le monde")); // Sortie : true
console.log(regex2.test("monde bonjour")); // Sortie : false

let regex3 = /^bonjour le monde$/;  // la chaîne doit correspondre à l'ensemble
du motif
console.log(regex3.test("bonjour le monde")); // Sortie : true
console.log(regex3.test(" bonjour le monde ")); // Sortie : false
console.log(regex3.test("bonjour le monde!"));  // Sortie : false
```

## Groupes et plages

- ( ) **(Groupe de capture)** : Regroupe une partie de l'expression régulière. Les groupes capturés peuvent être référencés ultérieurement (par exemple, dans une chaîne de remplacement ou avec des références arrières).

- (?: ) **(Groupe sans capture)** : regroupe une partie du motif, mais ils ne le *capturent* pas.

```
let regex = /(\w+)\s(\w+)/; // Correspond à deux mots séparés par un espace
let str = "Jean Dupont";
let correspondance = regex.exec(str);
console.log(correspondance);
// Sortie :
// [
//   'Jean Dupont', // La correspondance complète
//   'Jean',        // Le premier groupe capturé (premier mot)
//   'Dupont',        // Le deuxième groupe capturé (deuxième mot)
//   index: 0,
//   input: 'Jean Dupont',
//   groups: undefined
// ]
```

- **Références arrières (\1, \2, etc.)** : Font référence à des groupes précédemment capturés *dans la même expression régulière*. \1 fait référence au premier groupe capturé, \2 au second, et ainsi de suite.

```
let regex = /(\w+) \1/; // Correspond à un mot suivi d'un espace puis du *même*
mot à nouveau
console.log(regex.test("bonjour bonjour")); // Sortie : true
console.log(regex.test("bonjour monde")); // Sortie : false
console.log(regex.exec("bonjour bonjour"));
// Sortie:
// [ 'bonjour bonjour', 'bonjour', index: 0, input: 'bonjour bonjour', groups:
undefined ]
```

- **| (Alternation)** : Agit comme un "ou". Correspond soit à l'expression avant, soit à l'expression après le |.

```
let regex = /chat|chien/; // Correspond à "chat" ou "chien"
console.log(regex.test("chat")); // Sortie : true
console.log(regex.test("chien")); // Sortie : true
console.log(regex.test("oiseau")); // Sortie : false

let regex2 = /(c|d)hat/;
console.log(regex2.test("chat")); // Sortie : true
console.log(regex2.test("dhat")); // Sortie : true
```

- Groupe de capture nommé (?<name>...)

```
let str = "2024-01-05";
let regex = /(?<annee>\d{4})-(?<mois>\d{2})-(?<jour>\d{2})/;
let resultat = regex.exec(str);

console.log(resultat.groups);        // Sortie : {annee: '2024', mois: '01',
jour: '05'}
console.log(resultat.groups.annee); // Sortie : 2024
console.log(resultat.groups.mois);  // Sortie : 01
console.log(resultat.groups.jour);  // Sortie : 05
```

# Drapeaux (Flags)

Les drapeaux des expressions régulières modifient le comportement de la recherche.

- **g (Global)** : Trouve *toutes* les correspondances dans la chaîne, pas seulement la première. Sans g, les méthodes comme exec() et match() (avec des chaînes) ne renverront que la première correspondance.
- **i (Insensible à la casse - Case-Insensitive)** : Rend la regex insensible à la casse.

```
const str = "Le Renard Brun Rapide saute par-dessus le renard paresseux";
const regex1 = /renard/;
const regex2 = /renard/g;
const regex3 = /Brun/i;
const regex4 = /renard/gi;

console.log(str.match(regex1));  // Sortie : [ 'renard', index: 41, input: 'Le
Renard Brun Rapide saute par-dessus le renard paresseux', groups: undefined ]
console.log(str.match(regex2));  // Sortie : [ 'renard', 'renard' ]
console.log(str.match(regex3));  // Sortie: [ 'Brun', index: 9, input: 'Le
Renard Brun Rapide saute par-dessus le renard paresseux', groups: undefined ]
console.log(str.match(regex4));  // Sortie : [ 'Renard', 'renard' ]
```

- **m (Multiligne - Multiline)** : active le mode multiligne. En mode multiligne, ^ et $ correspondent respectivement au début et à la fin de *chaque ligne* (plutôt qu'au début et à la fin de la chaîne entière).

```
let str = "Première ligne\nDeuxième ligne\nTroisième ligne";
let regex1 = /^Deuxième/;
let regex2 = /^Deuxième/m;
let regex3 = /ligne$/;
let regex4 = /ligne$/m;


console.log(regex1.test(str)); // Sortie : false
console.log(regex2.test(str)); // Sortie : true

console.log(regex3.test(str)); // Sortie : false
console.log(regex4.test(str)); // Sortie : true
```

- **s (dotall ou singleline)** : Fait en sorte que le métacaractère . (point) corresponde à *n'importe quel* caractère, *y compris* les sauts de ligne (\n). Normalement, . ne correspond *pas* aux sauts de ligne.

```
let str = "Bonjour\nmonde";
let regex1 = /Bonjour.monde/;
let regex2 = /Bonjour.monde/s;

console.log(regex1.test(str)); // Sortie : false ('.' ne correspond pas à '\n'
par défaut)
console.log(regex2.test(str)); // Sortie : true  ('.' correspond à '\n' avec le
drapeau 's')
```

- **u (unicode)** : permet un traitement correct des caractères Unicode.
- **y (sticky)**: Commence la recherche à partir d'une position spécifique dans le texte en utilisant la propriété `lastIndex`.

```
const str = "Bonjour, le monde!";
const motif = /monde/y; // L'indicateur "y" active le mode sticky.

motif.lastIndex = 11;     // Définir lastIndex à 11
console.log(motif.test(str)); // Sortie : true
console.log(motif.lastIndex); // Sortie : 16

motif.lastIndex = 0;// définir lastIndex sur une autre valeur modifiera le
résultat.
console.log(motif.test(str)); // Sortie : false
console.log(motif.lastIndex); // Sortie : 0
```

# 19.5 Résumé

Ce chapitre a fourni une introduction complète aux expressions régulières en JavaScript. Vous avez appris à créer des expressions régulières en utilisant à la fois la notation littérale et le constructeur `RegExp`. Vous avez exploré les classes de caractères, les quantificateurs, les ancres, les groupes et les drapeaux, et vous avez appris à utiliser les méthodes regex. Les expressions régulières sont un outil très précieux pour travailler avec du texte. Bien que la syntaxe puisse sembler complexe au début, avec de la pratique, vous deviendrez à l'aise pour utiliser les expressions régulières pour résoudre un large éventail de problèmes de traitement de texte. Dans le prochain chapitre, vous apprendrez à connaître les nouvelles fonctionnalités ajoutées à JavaScript.

# 20

# Un regard vers le futur

JavaScript est un langage en constante évolution. De nouvelles fonctionnalités et améliorations sont ajoutées régulièrement via la norme ECMAScript (souvent appelée ESNext). Se tenir au courant de ces nouvelles fonctionnalités peut vous aider à écrire un code plus propre, plus efficace et plus expressif. Ce chapitre donne un bref aperçu de certains ajouts récents importants à JavaScript et explique le fonctionnement du processus d'évolution d'ECMAScript.

## 20.1    Le processus d'évolution d'ECMAScript

Les nouvelles fonctionnalités de JavaScript passent par un processus de normalisation formel supervisé par le comité technique 39 (TC39) d'Ecma International. Ce processus garantit que les fonctionnalités proposées sont bien conçues, soigneusement examinées et compatibles avec le code existant.

Le processus comporte plusieurs étapes :

- **Étape 0 : Proposition informelle (Strawperson)** : Une idée ou une proposition initiale.
- **Étape 1 : Proposition (Proposal)** : Un document de proposition formel est créé, décrivant le problème et une solution potentielle.
- **Étape 2 : Projet (Draft)** : Une description précise de la syntaxe et de la sémantique de la fonctionnalité est élaborée.
- **Étape 3 : Candidat (Candidate)** : La proposition est considérée comme complète et des commentaires sont recueillis auprès des implémentations (fournisseurs de navigateurs, Node.js) et des utilisateurs.
- **Étape 4 : Terminé (Finished)** : La proposition est prête à être incluse dans la norme ECMAScript.

Une fois qu'une fonctionnalité atteint l'étape 4, elle est considérée comme terminée et sera incluse dans la prochaine spécification ECMAScript (par exemple, ES2020, ES2021, ES2022,

ES2023, etc.). Les fonctionnalités à l'étape 3 ou ultérieure sont généralement sûres à utiliser, bien que certaines puissent nécessiter une transpilation (en utilisant des outils comme Babel) pour la compatibilité avec les anciens navigateurs.

# 20.2    Quelques ajouts récents au langage:

Voici quelques fonctionnalités importantes qui ont été ajoutées à JavaScript ces dernières années (ce n'est pas une liste exhaustive, mais elle couvre certains des ajouts les plus importants) :

## Chaînage optionnel (? . )

Le chaînage optionnel offre un moyen concis d'accéder aux propriétés profondément imbriquées dans une chaîne d'objets, sans avoir à vérifier explicitement si chaque propriété intermédiaire existe. Il évite l'erreur courante "Cannot read property '...' of undefined".

```
let utilisateur = {
  nom: "Alice",
  adresse: {
    rue: "123 Rue Principale",
    ville: "Paris"
  }
};

// Approche traditionnelle (sans chaînage optionnel) :
let codePostal = utilisateur && utilisateur.adresse &&
utilisateur.adresse.codePostal; // Vérifier chaque niveau
console.log(codePostal); // Sortie : undefined (car codePostal n'est pas défini)

// Avec chaînage optionnel :
let codePostal2 = utilisateur?.adresse?.codePostal;
console.log(codePostal2); // Sortie : undefined (pas d'erreur !)

let utilisateur2 = null;
let ville = utilisateur2?.adresse?.ville;
console.log(ville); // Sortie : undefined

let utilisateur3 = {};
let rue = utilisateur3.adresse?.rue;
console.log(rue); // Sortie : undefined
```

- ?. vérifie si la valeur à sa *gauche* est null ou undefined.
  - Si c'est le cas, l'expression entière court-circuite et renvoie undefined.
  - Si ce n'est pas null ou undefined, il continue à accéder à la propriété à droite du ?..
- Vous pouvez enchaîner plusieurs opérateurs ?..

Le chaînage optionnel fonctionne également avec les appels de fonction et l'accès aux tableaux :

```
let monObjet = {
  obtenirDonnees: function() {
    return { nom: "Jean", age: 30 };
  }
};

let donnees = monObjet.obtenirDonnees?.().nom; // Chaînage optionnel avec appel
de fonction
console.log(donnees); // Sortie : Jean

let monTableau = [1, 2, 3];
let element = monTableau?.[1]; // Chaînage optionnel avec accès au tableau
console.log(element); // Sortie : 2

let maFonction = null;
let resultat = maFonction?.(); // Appels de fonctions optionnels.
console.log(resultat); // Sortie: undefined
```

## Opérateur de coalescence nulle (??)

L'opérateur de coalescence nulle (??) offre un moyen concis de fournir une valeur par défaut lorsqu'on travaille avec des valeurs null ou undefined. Il est similaire à l'opérateur OU logique (||), mais il ne renvoie le côté droit que si le côté gauche est *nullish* (null ou undefined), et non pas n'importe quelle valeur "falsy".

```
let nom = null;
let nomUtilisateur1 = nom || "Invité"; // OU logique
let nomUtilisateur2 = nom ?? "Invité"; // Coalescence nulle

console.log(nomUtilisateur1); // Sortie : "Invité"
console.log(nomUtilisateur2); // Sortie : "Invité"

let age = 0; // 0 est un âge valide, mais c'est une valeur "falsy"
let ageUtilisateur1 = age || 18; // Par défaut à 18 (car 0 est falsy)
let ageUtilisateur2 = age ?? 18; // Conserve l'âge réel (0)

console.log(ageUtilisateur1); // Sortie : 18
console.log(ageUtilisateur2); // Sortie : 0

let nomUtilisateur3 = "";
let resultat1 = nomUtilisateur3 || "Invité";
let resultat2 = nomUtilisateur3 ?? "Invité";

console.log(resultat1); // Sortie : Invité
console.log(resultat2); // Sortie : ""
```

- ?? renvoie l'opérande de *droite* si l'opérande de *gauche* est null ou undefined. Sinon, il renvoie le côté gauche.
- || renvoie le côté droit si le côté gauche est *n'importe quelle valeur falsy* (ce qui inclut 0, "", NaN, false, ainsi que null et undefined).

L'opérateur de coalescence nulle est souvent préféré lorsque vous souhaitez faire la distinction entre null/undefined et d'autres valeurs falsy (comme 0 ou une chaîne vide) qui pourraient être des valeurs valides.

## Champs de classe privés

Auparavant, toutes les propriétés de classe en JavaScript étaient effectivement publiques. Les champs de classe privés, introduits avec un préfixe #, vous permettent de créer des propriétés qui ne sont accessibles que *depuis l'intérieur* de la classe elle-même.

```
class MaClasse {
  champPublic = "Public";
  #champPrive = "Privé"; // Champ privé

    constructor(valeur) {
    this.#champPrive = valeur;
    }


  obtenirValeurChampPrive() {
    return this.#champPrive; // Peut accéder à l'intérieur de la classe
  }

    //exemple de champ privé statique
    static #compte = 0;
    static getCompte() {
        return MaClasse.#compte;
    }
}

let instance = new MaClasse("Valeur secrète");
console.log(instance.champPublic); // Sortie : Public (accessible)
// console.log(instance.#champPrive); // Erreur ! Le champ privé '#champPrive'
n'est pas accessible en dehors de la classe 'MaClasse'
console.log(instance.obtenirValeurChampPrive()); // Sortie : Valeur secrète

console.log(MaClasse.getCompte());
```

Les champs privés améliorent l'encapsulation et aident à prévenir la modification accidentelle de l'état interne de la classe depuis l'extérieur de la classe. Ils constituent un ajout important pour l'écriture de code orienté objet plus robuste et maintenable.

# await de niveau supérieur (Top-Level await)

Avant l' await de niveau supérieur, le mot-clé await ne pouvait être utilisé qu'*à l'intérieur* des fonctions async. L'await de niveau supérieur vous permet d'utiliser await *en dehors* d'une fonction async, au niveau supérieur d'un module. Ceci est principalement utile pour simplifier la logique d'initialisation asynchrone dans les modules.

```
// monModule.js (utilisant l'await de niveau supérieur)

let donnees = await fetch("https://api.example.com/data"); // await au niveau
supérieur !
let donneesAnalysees = await donnees.json();

export { donneesAnalysees };
// app.js
import { donneesAnalysees } from "./monModule.js";
console.log(donneesAnalysees); // affichera les données après leur chargement
```

- L'await de niveau supérieur ne fonctionne que dans les *modules* (par exemple, lorsque vous utilisez <script type="module"> dans le navigateur ou dans les modules Node.js).
- Lorsqu'un module utilise l'await de niveau supérieur, l'exécution du module est interrompue jusqu'à ce que la promesse attendue soit résolue. Cela peut affecter le temps de chargement de votre application, utilisez-le donc judicieusement.

## Autres ajouts récents

Voici quelques autres ajouts notables :

- BigInt : (Couvert au chapitre 2) Un nouveau type primitif pour représenter des entiers arbitrairement grands.
- Promise.any() : (Couvert au chapitre 16) Renvoie une promesse qui se résout dès que l'une des promesses d'entrée se résout.
- String.prototype.replaceAll() : (Couvert au chapitre 5) Fournit un moyen simple de remplacer *toutes* les instances d'une sous-chaîne dans une chaîne.
- **Opérateurs d'affectation logique** : Combinent les opérateurs logiques (&&, ||, ??) avec l'affectation (=).

```
let x = 1;
let y = 2;
x &&= y; // x = x && y;
console.log(x); // Sortie : 2

let a = null;
let b = 5;
a ||= b; // a = a || b;
console.log(a); // Sortie : 5
```

```
    let c = undefined;
    let d = 10;
    c ??= d; // c = c ?? d;
    console.log(c); // Sortie : 10
```

- Champs de classe statiques et blocs statiques

```
class MaClasse {
    static monChampStatique = "Bonjour";

    static {
        console.log(`Champs statiques : ${MaClasse.monChampStatique}`); //
Sortie : Champs statiques : Bonjour
    }

    static #monChampStatiquePrive = "Salut";
    static {
        console.log(`Champs statiques : ${MaClasse.#monChampStatiquePrive}`); //
Sortie : Champs statiques : Salut
    }
}
```

- Méthodes et accesseurs privés

```
class MaClasse {
    get #valeurPrivee() {
        return "valeur privée";
    }
    #methodePrivee() {
        return "bonjour le monde";
    }
}
```

- **Ajouts à l'API** `Intl` : L'objet `Intl` (pour l'internationalisation) a reçu de nombreuses améliorations, notamment un meilleur formatage de date/heure, un formatage de nombre et une comparaison de chaînes de caractères tenant compte des paramètres régionaux.

# 20.3    Où se tenir au courant du développement JavaScript

- **Propositions TC39** : Suivez le référentiel des propositions TC39 sur GitHub (https://github.com/tc39/proposals) pour voir quelles fonctionnalités sont envisagées et leur stade actuel.
- **MDN    Web    Docs** :    Le    Mozilla    Developer    Network    (MDN) (https://developer.mozilla.org/fr/docs/Web/JavaScript) fournit une excellente documentation sur les fonctionnalités JavaScript, y compris les nouveaux ajouts.

- **Spécification ECMAScript** : La spécification officielle ECMAScript (https://tc39.es/ecma262/) est la source définitive, mais elle est très technique.
- **JavaScript Weekly** : Une newsletter hebdomadaire par e-mail couvrant les actualités, les articles et les versions liés à JavaScript.
- **Blogs et articles** : De nombreux sites Web et blogs couvrent les nouvelles fonctionnalités de JavaScript, notamment :
  - 2ality.com par le Dr Axel Rauschmayer
  - V8.dev (le blog du moteur JavaScript V8)
  - Medium, Dev.to et d'autres plateformes de blogs.
- **Conférences et rencontres** : Assistez à des conférences JavaScript et à des rencontres locales pour en savoir plus sur les derniers développements.
- **Twitter** : suivez les développeurs et les organisations JavaScript.
- **Babel** : (https://babeljs.io/) Babel est un compilateur JavaScript qui vous permet d'utiliser les fonctionnalités JavaScript de nouvelle génération dès aujourd'hui, et il transpile votre code dans une version plus ancienne.

# 20.4    Résumé

Ce chapitre a donné un aperçu de la façon dont JavaScript continue d'évoluer. Vous avez découvert le processus TC39 pour la normalisation des nouvelles fonctionnalités, quelques ajouts récents importants au langage. Vous voyez également quelques ressources pour vous aider à vous tenir au courant de l'évolution de JavaScript.

www.ingramcontent.com/pod-product-compliance
Lightning Source LLC
LaVergne TN
LVHW081341050326
832903LV00024B/1252